There is a Korean Saying that~

우리말 표현

격언 · 속담 · 사자성어를 영어로

뭐라 할까?

한국어 표현을 통해 배우는 영어!

현안 문제에 대한 예문들을 통해 함축적인 사자성어 및 기지와 재치가 스며있는 지극히 한국적인 표현들을 어떻게 표현하는 것이 한국인들의 의식구조와 그 의미를 가장 잘 반영하는 것인지 살펴보고, 같은 상황에서 사용되는 영어 표현을 소개하고 관련된 제반 표현들을 함께 익힐 수 있도록 하였다.

최정화 · 임향옥

한국외국어대학교 출판부

이 책을 읽기 전에

영어는 여러 나라에서 모국어로 사용하고 있기 때문에 그 다양한 문화로 비롯된 다채로운 표현과 격언이 있으며, 우리말에도 한국과 한국인의 정서를 이해하는 데 도움이 되는 많은 속담, 격언, 사자성어가 있습니다.

우리나라의 글로벌화에 힘입어 외국인들과 대화를 나누거나 외국인들 앞에서 발표를 할 경우가 종종 있습니다. 우리 조상의 혼이 담긴 이 표현들을 한 번에 이해할 수 있게 설명하는 것이 결코 쉬운 일은 아니지만, 예전부터 사용해 온 여러 사자성어나 속담들을 설명해주면 한국 문화의 뿌리에 다가가게 되어 호기심 어린 눈으로 열심히 들으며 좋아합니다. 예를 들어, 설명을 시작할 때 "There is a Korean saying that ~" 하면 외국인들은 귀를 기울이기 시작하는데, 무엇인가 이국적인 것에 대해서는 누구나 관심을 갖기 때문입니다.

이 책의 구성은 현안에 대한 예문들을 통해 함축적인 사자성어 및 기지와 재치가 스며있는 지극히 한국적인 표현들을 어떻게 표현하는 것이 한국인들의 의식구조와 그 의미를 가장 잘 반영하는 것인지 살펴보고, 같은 상황에서 사용되는 영어 표현을 소개하여 관련된 제반 표현들을 함께 익힐 수 있도록 하였습니다.

이 책을 읽다 보면 자신도 모르게 해당 영어 표현 및 가지쳐 나간 여러 표현들의 뉘앙스까지 파악하고 잘 이해할 수 있게 됩니다.

2006년 5월 20일

최정화 · 임향옥

Contents

자주 쓰는 사자성어와 기지와 재치가 스며있는 한국적인 표현들을 주제별로 묶어 편하게 찾아볼 수 있도록 구성하였습니다.

I 시간

II 관계

III 상황

Ⅳ 감정

Ⅴ 음식

Ⅵ 사람

Ⅶ 동물

I. 시간

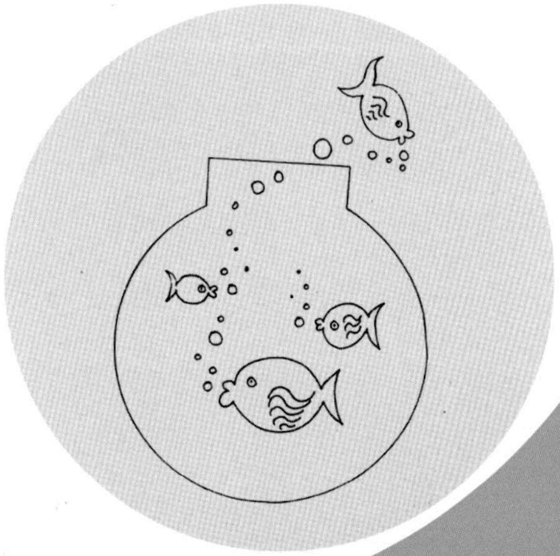

001

주경야독(晝耕夜讀)

… 이 회장은 57세의 나이로 박사학위를 취득했다. 이 회장은 지난 3년 간 '주경야독'으로 박사과정을 밟아 '중국금융개혁과 은행 효율성의 한국 · 일본 비교'라는 논문으로 학위를 받았다 …

••• 뜻풀이 낮에는 일하고 밤에는 공부한다는 뜻. '바쁜 틈을 타서 어렵게 공부함'을 이르는 말

'주경야독'을 직역하면 farming by day and studying by night라고 할 수 있다.

공부하다 study와 관련된 표현들을 살펴보자.

a quick study 빨리 배우는 사람

Don't worry. You're a quick study so you'll understand how this works.
걱정 마. 넌 빨리 배우니까 이게 어떻게 작동되는지 금방 알 거야.

Study와 관련된 격언들도 살펴보자.

Get over the idea that only children should spend their time in study. Be a student so long as you still have something to learn, and this will mean all your life.
어린이들만 공부해야 한다는 생각에서 벗어나라. 배울 것이 있는 한 학생으로 남아라, 그러면 평생 공부하게 될 것이다.

A single conversation with a wise man is better than ten years of study. (중국 속담) 지혜로운 사람하고 한 번 대화하는 것이 10년 동안 공부하는 것보다 더 낫다.

Farm이 들어간 표현들을 살펴보자.

to bet the farm 가진 재산을 다 걸기

He's in trouble because he bet the farm on the new company.
새 회사에 전재산을 다 걸었기 때문에 이젠 문제가 생겼어.

funny farm 속어로 '정신병원'이라는 뜻

If I keep forgetting things, they'll be taking me to the funny farm.
계속 잊어버리면, 그들은 나를 정신병원으로 끌고 갈 것이다.

002
학수고대(鶴首苦待)

… 독도문제로 야기된 한국과 일본간의 팽팽한 긴장상태가 조속히 종결되기를 '학수고대' 하는 사람은 실로 많다 …

●●● 뜻풀이 목을 학과 같이 길게 늘여 뽑고 기다림

'갈망하며 오래 기다린다'는 뜻을 영어로 표현하는 방법은 다양하다.

I've waited for this for a long time. 나는 이것을 오래 기다렸다.

긍정적인 뜻으로도 또는 부정적인 뜻으로도 모두 사용이 가능하다.

She yearned for a wealthy husband. 그녀는 부자 남편을 바랬다.

She looked at the diamond ring with longing.

그녀는 다이아몬드 반지를 갈망했다.

He is eagerly looking forward to seeing you.

그는 당신을 만나기를 학수고대하고 있다.

Wait와 관련된 여러 관용적인 표현들을 살펴보자.

to wait for the other shoe to drop 나쁜 일이 일어나기를 기다리다

Since my mother saw my report card, I've been waiting for the other shoe to drop.

우리 어머니가 내 성적표를 본 다음, 올 것이 올 때까지 기다리고 있다.

to wait on someone hand and foot 다른 사람을 위해 헌신적으로 모든 일을 해준다 - 부정적인 뉘앙스가 있는 표현

Korean men expect their wives to wait on them hand and foot.
한국 남자들은 부인이 헌신적으로 모든 일을 다 해주기를 기대한다.

to hurry up and wait 서두르다가 기다리는 것

Catching a flight is a matter of hurry up and wait.
비행기 타는 것은 서두르다가 기다리는 것이다.

to wait and see 나중을 위해 기다리는 것

Let's wait and see what he says.
그가 뭐라고 하나 기다려 봅시다.

can't wait for/until~ ~기다리지 못하겠다

I can't wait until summer vacation.
여름방학이 빨리 왔으면 좋겠다.

003
격세지감(隔世之感)

… 이번 지적재산권 국제회의에 참가한 법조인들은 모조품이 횡행하던 1990년대 분위기를 비교하면서 일종의 '격세지감'을 느꼈다 …

●●● 뜻풀이 딴 세상인 듯 몹시 달라진 느낌; 세대를 거름

한국에 살다가 잠시라도 외국에 다녀 오면 한국이 얼마나 빨리 변하는지 새삼 느끼게 된다. Wow, things have really changed!라고 간단히 말 할 수 있다. 아니면 너무 많이 변했기 때문에 뭐가 어디에 있는지 잘 모를 때에는 I feel like a fish out of water. 이 표현은 뭔가 어색하다고 느껴지는 어떠한 상황에서도 사용이 가능하다. 또는 역시 세월은 흘러간다는 뜻으로 Time waits for no man. 또는 I feel as if I'm in a time warp.라고 표현할 수 있다. Warp를 직역하면 '왜곡'이라는 뜻이지만 여기서는 '마치 타임 머신을 타고 시간이 달라진 곳에 온 것 같은' 이란 뜻이다.

시간과 관련해 말할 때 소설 속의 인물 Rip Van Winkle의 이름을 사용하여 I feel like Rip Van Winkle!라고 할 수 있다. 미국 독립운동 당시 Rip Van Winkle이라는 작자는 마누라의 잔소리가 듣기 싫어서 도망갔다가 어느 날 나무 밑에서 잠이 들어 20년 동안이나 푹 자다가 깨어나서 마을로 돌아왔더니 마누라는 죽었고 친구들은 죽었거나 다른 마을로 이사 갔다. 그 때 세상이 변한 줄도 모르고 "국왕 죠지 3세 만세!"라고 외쳤다가 혼줄났다는 이야기이다.

변화와 관련된 격언들을 살펴보자.

- Things do not change; we change.
  사물이 변하는 것이 아니라 우리가 변하는 것이다.

- Don't fear change. Embrace it.
  변화를 두려워 말고 받아 들여라.

- It is never too late to become what you might have been.
  당신이 원했던 모습으로 되는데 결코 늦지 않았다.

- If you don't like something, change it; if you can't change it, change the way you think about it.
  그것이 싫다면 바꿔버리고, 만약에 바꿀 수 없다면 그것에 대해 생각하는 당신의 입장을 바꿔라.

004

고진감래(苦盡甘來)

… 젊었을 때 고생도 해봐야 한다. '고진감래'라는 말이 있지 않은가. 그래야 결과에 고마워할 줄 안다. 추운 날 길거리에서 떨어보고, 더운 날 숨 막히는 길을 걸어본 아이들이 가족이나 가정을 더 소중하게 생각할 수 있다 …

••• 뜻풀이 고생 끝에 낙이 온다는 뜻

고진감래에 해당하는 여러 표현 중 가장 많이 쓰이는 표현은 No pain, no gain. (고생 없이는 얻는 것이 없다.)이다.

특히 어려운 운동이나 체중 싸움할 때 쓰는 표현이다. 그 외에도 '쓴것 다음에 단것이 온다'는 뜻으로 Sweet after bitter. '고통 후에 즐거움이 온다'는 뜻으로 Pleasure follows pain.과 같은 표현도 자주 사용된다.

또는 고생을 같이 하고 있는 사람한테 It'll all be worth it in the end. (고생한 보람이 있을 거다.)라고 말하면 좋다.

005
고색창연(古色蒼然)

… 전주는 판소리와 음식, 진주가 풍류라면, 안동은 고택이다. 안동에는 조선시대 양반들이 살았던 '고색창연'한 기와집들이 많이 보존되어 있어 조상의 얼을 피부로 느낄 수 있다 …

●●● 뜻풀이 오래 되어 예스러운 풍치가 그윽함

Old라고 할 수도 있지만 그다지 품격이 없고 반면 venerable, antique라고 하면 조금 더 격조 있어 보인다.

Venerable은 오래된 것도 있지만 나이, 직위, 존엄성 등 때문에 존경의 대상이 되는 것을 말한다. 그리고 영국국교에서는 부주교를, 가톨릭에서는 시성식의 첫 단계에 도달한 사람을 보고도 Venerable이라고 하고, 불교계에서는 스님의 존칭으로 Venerable이라고 부른다.

Antique는 주로 물건 특히 고가구나 오래된 차이나 웨어, 즉 사기 그릇 등에 사용한다.

Old와 관련된 관용구는 실로 많다.

You can't teach an old dog new tricks. 오랜 방식을 바꾸는 것은 어렵다.

old flame 옛 애인

I bumped into my old flame at the airport.
공항에서 옛 애인을 우연히 만났다

old wives' tale 과거에는 믿었던 상식

It's an old wives' tale that you'll catch a cold if you go outside with wet hair. 젖은 머리로 나가면 감기 걸린다는 말은 너더분한 얘기다.

a chip off the old block 아버지나 어머니를 쏙 빼 닮은

Look at the way he walks. He's a chip off the old block.
걷는 모습을 봐라. 아버지를 쏙 빼 닮았다.

the old-boy network 학연

Thanks to the old-boy network, I managed to land a job.
학연 덕에 직장을 찾았어.

same old same old 변함 없는 것

At the beginning of a new semester, you think that it's going to be different, but then it's just the same old same old.
학기 초에는 다를 것이라고 생각하다가 조금만 지나면 변한 것 없다는 것을 알게 된다.

for old time's sake 지난 날들의 좋은 때를 위해

Let's have a drink for old time's sake.
과거의 좋은 때를 생각해서 한 잔 하자.

006
세 살 버릇 여든 간다

… 경제교육에서 특히 금융교육은 돈을 다루는 태도와 습관을 교육시키는 성격이 강하다. '세 살 버릇이 여든까지 간다'는 속담처럼 한 번 잘못 들여진 태도나 습관은 무척 고치기 힘들다 …

●●● 뜻풀이 어렸을 때의 버릇은 나이 들어서까지 간다

'어렸을 때 익힌 습관이 오래 간다'는 뜻의 영어표현은 여럿 있다.

직역하면 A habit fixed at three years continues till eighty. 또는 '요람에서 배운 것은 무덤까지 간다' What's learned in the cradle is carried to the grave.

요람 cradle과 관련된 관용구들을 살펴보자.

a cradle-robber/cradle-snatcher 한 참 어린 상대하고 사귀는 사람

He's a cradle-robber. She's only 24 and he's 47!
너무 어린 사람하고 사귄다! 그녀는 24살이고 그는 47이다.

from the cradle to the grave 평생

Some countries offer free medical care from the cradle to the grave.
어떤 나라에서는 요람서부터 무덤까지 무료로 의료 혜택을 준다.

The hand that rocks the cradle rules the world.
요람을 흔드는 손이 세계를 지배한다.

여성의 힘을 나타낼 때 쓰는 표현으로 어린이들이 어떤 어른이 되느냐에 가장 많은 영향을 주는 사람이 바로 여성이기 때문이다.

007

서당개 삼 년이면 풍월을 읊는다

… 세계 최초로 히말라야 해발 8천 미터급 봉우리를 등정한 엄 씨는 2002년에야 늦깎이 대학생이 되었다. 1991년부터 히말라야를 등정하기 위해 여러 번 중국에 갔는데 의사소통의 벽에 부딪쳐 중국어를 배워야겠다는 생각이 들었다며 만학의 배경을 설명하면서 '서당개 삼 년이면 풍월을 읊는다'며 관심을 갖고 공부를 하여 지금은 어느 정도 의사 전달을 할 수 있어 중국어를 공부하게 된 보람을 느낀다고 말했다 …

••• 뜻풀이 일정 기간이 지나면 누구나 어느 정도는 좇아 할 수 있다

'서당개 삼 년이면 풍월을 읊는다'는 직역하면 In three years, even the village school dog can write poetry.라고 하면 된다.

한영 사전에는 The sparrow near a school sings the primer. '학교 가까이에 있는 참새는 입문서를 노래한다'라고 나와 있다. 여기서 primer는 '입문서'라는 뜻이지만 잘 안 쓰는 단어이기 때문에 이 표현을 그냥 들어 이해하기는 쉽지 않다.

관용구 중에 to rub off on someone (옮는다, 영향을 끼치다)이라는 표현이 있는데 여기서 그 표현을 쓸 수도 있다. 또는 pick something up (알게 되다)

A : How do you know so much about medicine?
B : My husband's a doctor and it's rubbed off on me.
A : 어떻게 의학에 대해 그렇게 많이 알아요?
B : 우리 남편이 의사라서 알게 되었어요.

A : Where did you learn quilting?
B : I picked it up from my mother.
A : 퀼트하는 것을 어디서 배웠어요?
B : 어머니를 통해 알게 되었어요.

008
호랑이 담배 피던 시절

… 방앗간에 가서 쌀을 빻아 떡을 만들던 때는 이제 '호랑이 담배 피던 시절' 얘기가 되었다. 사실 요즘 웬만한 집에는 믹서기 하나 정도는 다 있지 않은가 …

••• 뜻풀이 옛날 옛적에, 오랜 세월 전에

'호랑이 담배 피던 시절'이란 말은 직역해서 사용할 수 없다. 억지로 직역해 When tigers used to smoke라고 하면 아무도 무슨 뜻인지 이해하지 못한다. 그냥 쉽게 풀어서 A long time ago라고 해도 좋다. 영어 동화를 보면 처음 시작할 때 '옛날 옛적에'에 해당하는 Once upon a time이 나온다. 그래서, I used to go to that nightclub, once upon a time. '정말 오래 전에 그 나이트 클럽에 가곤 했다.'고 할 수 있다.

또는 used to (do something) 즉, 그 전에는 그렇게 했다는 뜻의 표현으로 많이 쓰인다. 예를 들어, We used to wade in the Han River. (한강에 물놀이를 하곤 했다.)

구식 또는 시대에 뒤떨어진이라는 뜻으로는 old-fashioned, antiquated 시대착오적인 anachronistic 등과 같은 형용사를 유용하게 쓸 수 있다.

시간과 관련된 격언을 살펴보자.

Men talk of killing time, while time quietly kills them.
사람들은 시간을 죽인다고 하지만 실은 시간이 조용히 그들을 죽이고 있다.

Time goes, you say? Ah no! Alas, Time stays, we go.
시간이 간다고? 그게 아니지. 불행히도 시간은 남고 우리가 간다.

How long a minute is, depends on which side of the bathroom door you're on.
일 분이 얼마나 기냐고? 그건 화장실문의 어떤 쪽에 서 있는가에 따라 다르다.

Time! the corrector when our judgments err. (바이런)
시간이란 우리의 판단이 틀릴 때 정정해주는 것이다.

Time is the wisest counsellor of all.
시간이란 제일 지혜로운 조언자이다.

Time is what we want most, but... what we use worst.
시간이란 우리가 제일 원하는 것이지만 우리가 제일 잘못 쓰는 것이다.

Time is the longest distance between two places.
시간이란 두 장소간의 제일 긴 거리이다.

Time is a great teacher, but unfortunately it kills all its pupils.
시간이란 참 훌륭한 선생이지만 불행히도 그의 제자를 모두 죽인다.

009
입도선매(立稻先賣)

… 그 동안 시설과 설비에 집중 투자를 하던 일본 기업들이 인력으로 투자를 확대하고 있다. 거품경제 시대에 유행하던 대학 졸업 예정자에 대한 대기업의 '입도선매'가 부활했고, 중소기업의 고졸자 채용 움직임도 최근 활발해졌다 …

●●● 뜻풀이 아직 논에서 자라고 있는 벼를 미리 팖

'입도선매'를 직역하면 to sell the rice before the harvest이라고 하면 되고 듣고 금방 이해도 하기 쉽다. 부정적인 의미로 쓰면 '김칫국부터 마신다'라는 표현에 나왔던 '병아리새끼를 부화도 하기 전에 센다' Don't count your chickens before they're hatched.를 쓸 수 있다.

Rice라는 단어가 내포하는 의미와 우리 말에서 쌀, 밥 등의 의미는 상당히 다르다. 일단 논에 심어있건, 밥상 위에 올라와 있건 영어로는 모두 rice이라고 하지만 우리 말에서는 그 단계별로 벼, 쌀, 밥 등 달리 표현한다.

또, 한국 사람들은 밥하면 우리의 주식으로 생각하지만, 영어에서 rice는 우리에게 국수처럼 가끔 먹는 음식이다. 아마 가장 큰 차이점은 조리 방법일 것이다. 우리는 쌀을 씻은 다음에 물을 넣고 끓이고 다 되면 약간 밥알들이 달라붙은 상태에서 먹지만 서양에서는 쌀이 다 익으면 국수처럼 물에 헹군 다음 먹는다. 밥알들이 달라붙으면 오히려 밥이 제대로 안 된 것으로 생각한다.

Rice is born in water and must die in wine. (이탈리아 속담)
쌀은 물에서 태어나서 와인에서 죽어야만 한다.

There is no burnt rice to a hungry person. (필리핀 속담)
배고픈 사람한테는 태운 밥이란 없다.

Talk doesn't cook rice. (중국 속담)
말로 밥을 지을 수 없다.

II. 관계

010
부화뇌동(附和雷同)

… 박 대변인은 이 사건과 연루된 사람들이 모두 물러난 만큼 이 장관도 '부화뇌동'한 책임을 지고 사의를 표명해야 한다고 지적했다 …

••• 뜻풀이 우뢰 소리에 맞춰 함께 한다는 뜻으로, 자신의 뚜렷한 소신 없이 남이 하는 데로 따라감

부화(附和)란 무조건 남의 뜻을 따르고 아부하는 것을 말하며, 뇌동(雷同) 역시 같은 뜻인데, '천둥'을 뜻하는 뇌(雷)자를 붙여 뇌동이라 한데는 다 이유가 있다.

옛날 사람들은 모든 자연 현상이 이를 주재하는 어떤 거대한 존재에 의해 이루어 진다고 보아서 비, 바람은 물론 지진이나 태풍까지 신의 조화로 돌렸다. 요즈음에야 초등학생도 천둥 번개의 발생 원리를 다 알지만 옛날에는 모두 신의 뜻으로 알았다. 천둥소리가 난 후 메아리가 치는 것을 두고 만물이 천둥 소리에 반응하는 것이라고 생각하여, 큰 천둥 소리가 나면 반응도 크고 작으면 작게 반응한다는 것이다. 즉, 만물은 천둥 소리에 따라 그대로 무조건 반응하게 된다. 이처럼 천둥소리에 함께 따르는 것을 뇌동이라고 했으며 여기서 우리는 옛 조상들의 과학지식을 엿볼 수 있다.

아무 생각 없이 남들을 따라 하는 경우 follow blindly는라고 하는데, 이 기회에 follow suit표현을 알아두면 좋다. 카드 놀이에서 하트♥, 다이아몬드♦, 클로버♣, 스페이드♠를 모두 한 개의 suit라고 한다. 한 사람이 하트를 내고 다음 사람이 덩달아 하트를 내면 follow suit라고 한다. 나름대로의 독창적인 것은 없이 무조건 똑같이 베끼는 것은 copycat이라고 한다.

011
수수방관(袖手傍觀)

… 위정자들은 현재 진행되고 있는 그 권력이동을 '수수방관'하거나 중계방송이나 하라고 그 자리에 있는 것이 아님을 명심해야 한다 …

●●● 뜻풀이 소매에 손을 넣고 즉 팔짱을 끼고 옆에서 보고만 있음
직접 간섭하거나 거들지 않고 옆에서 보고만 있음

Indifferent는 별 다른 반응이 없다는 뜻이며 to sit on your hands라고 하면 손 위에 앉아 손을 일체 사용할 수 없기 때문에 어떤 액션도 취하지 않는다는 뜻이 된다. 예를 들어, I was outraged when the government just sat on its hands. (정부가 수수방관 했을 때 나는 격분했다) 또는 Don't just sit there! Do something! (멍하니 앉아 있지만 말고 어떤 액션을 취해라!)라고 자주 듣는 표현이다.

Sit과 관련된 표현들은 실로 많다.

to make someone sit up and notice 주목하다

Thanks to Rain, Americans will now sit up and notice Korean singers.
'비' 덕분에 이젠 미국 사람들이 한국 가수들을 주목하게 될 것이다.

to sit in judgment in/over someone 누구를 평가/심판하다

It is not right to sit in judgment over your colleagues.
동료들을 심판해서는 안 된다.

to sit on the fence 양다리 걸치다

She's been sitting on the fence for so long that nobody takes her seriously any more.

너무나 오랫동안 양다리를 걸쳤기 때문에 아무도 그녀가 진실하다고 생각하지 않는다.

to not sit well with someone 달가워하지 않다

The off-color joke did not sit well with the church members.

야한 농담을 듣고 교우들이 달가워하지 않았다.

to sit in for someone 대신하다

The piano player was sick so I had to sit in for him.

피아노 치는 사람이 아파서 내가 대신 쳤다.

to sit through something 끝까지 있다

I sat through the whole opera. It lasted four hours.

나는 4시간의 긴 오페라 끝까지 앉아 있었다.

012
손바닥도 마주쳐야 소리가 난다

… 국회 정상화는 한 정당의 의지만으로는 되지 않는다. '손바닥도 마주쳐야 소리가 난다'고 하지 않았는가. 서로 만나 기탄없이 대화를 나누다 보면 어딘가 만나는 점을 찾을수 있으리라 생각한다 …

••• 뜻풀이 혼자 해서는 안 되고 같이 할 상대가 있어야 한다

'손바닥도 마주쳐야 소리가 난다'와 같은 뜻의 영어 표현은 It takes two to tango.

다른 춤은 혼자서도 출 수 있는 것이 많지만 남미의 정열적인 춤인 탱고는 같이 추는 파트너가 있어야 한다. 유사한 표현이지만 부정적인 뜻으로 It takes two to make a quarrel. '둘이 있어야 싸움이 된다'와 It takes two to lie, one to lie and one to listen. '거짓말하는 데도 두 사람이 필요하다'는 뜻이다. 두 사람이 필요한 이유는 한 사람은 거짓말을 하고, 또 한 사람은 들어야 하기 때문이다.

Two heads are better than one. 어려운 문제를 해결해야 할 때 '나 혼자서 하는 것보다 같이 하는 것이 더 좋다'라는 뜻으로 쓸 수 있다. 둘이 머리를 맞대면 해결책이 나오지.

Many hands make light work. 종이도 같이 맞들면 낫다. '많은 사람들이 도와주면 일이 가벼워진다'는 뜻으로 서로 도우면 일이 쉬워진다는 것.

013
감언이설(甘言利說)

… 교재 악덕업자들은 세상 물정을 잘 모르는 학생들을 '감언이설'로 꾄 뒤 고가의 어학교재와 테이프을 팔아 넘기는 수법까지 사용한다 …

●●● 뜻풀이 남의 비위를 맞추는 달콤한 말과 이로운 조건을 들어 그럴듯하게 꾸미는 말

듣기 좋은 말이라는 뜻을 명사로 표현하면 flattery, cajolery가 있고, 동사로는 to seduce (성적인 뉘앙스도 있음), entice, wheedle (약간 부정적인 뜻)이 있다.

격언으로는
You can catch more flies with honey than with vinegar.
식초보다 꿀로 파리를 더 많이 잡는다.

To catch bears you need honey.
곰을 잡기 위해서는 꿀이 필요하다.

감언이설과 관련된 표현들 중 Flattery will get you nowhere. (아부해도 소용 없다.)라는 원래 표현은 험악한 세상을 반영하듯 이제는 오히려 Flattery will get you everywhere. (아부해야 된다.)로 변형되었다.

자신 만만하다는 뜻으로 to flatter oneself라는 표현이 있다. 예를 들어, Don't flatter yourself. I can run faster than you. (너무 자신 만만해 하지마. 나 너보다 더 빨리 뛸 수 있어.)

014
동족상잔(同族相殘)

… 한국은 눈부신 경제 성장으로 OECD회원국이 되었지만, '동족상잔'의 비극을 치른 분단국가로서 앞으로도 해결해야 할 과제가 산재해 있다 …

●●● 뜻풀이 같은 겨레 또는 같은 혈족끼리 싸우고 죽임

그 어떤 나라도 경험해서 안되지만 때에 따라 경험하게 되는 '같은 겨레끼리의 전쟁'은 fratricidal war (fratricidal은 '형제의'라는 뜻) 또는 그 비참한 상황을 묘사하기 위해 dog eat dog이라고도 한다.

전쟁과 관련된 격언을 살펴보자.

Mankind must put an end to war, or war will put an end to mankind. (케네디)
인류가 전쟁을 끝내야 한다. 아니면 전쟁이 인류를 끝장 낼 것이다.

In war, truth is the first casualty.
전쟁에서는 진실이 첫 번째 희생자이다.

When the rich wage war, it's the poor who die. (사르트르)
부자들이 전쟁을 치를 때, 가난한 자들이 죽는다.

You cannot prevent and prepare for war at the same time. (아인슈타인)
동시에 전쟁을 예방하고 준비할 수는 없다.

전쟁과 관련된 관용구도 살펴보자.

All's fair in love and war. 사랑과 전쟁에는 모든 것이 정당하다.

turf war 터 싸움

015

오월동주(吳越同舟)

… 이 원내대표가 박 대표를 당의 대표로 예우하고, 박 대표와 이 시장 사이에서 균형을 유지하며 국회를 이끌 경우 상생의 기회가 될 수 있다는 예상이 아직은 훨씬 많다. '오월동주'일지는 몰라도 배는 현재로서는 순항 중이다 …

••• 뜻풀이 중국 춘추전국시대의 오왕 부차와 월왕 구천이 항상 적의를 품고 싸웠다는 고사에서, 서로 적의를 품은 사람들이 같은 처지나 한 자리에 있게 됨을 비유하는 말

'오월동주'는 영어로 bitter enemies placed by fate in the same boat (원수끼리 운명적으로 같은 배에 탔다.)라고 표현할 수 있다.

운명 fate와 관련된 관용구를 살펴보자.

a fate worse than death 죽음 보다 더 끔직한 운명

When you're young, not having a date on Saturday is a fate worse than death.

젊었을 때는 토요일에 데이트 없는 것은 죽음보다 더 끔직한 일이다.

to seal someone's fate 운명을 결정 짓다 (주로 부정적인 상황에 사용)

Poverty sealed his fate, making it impossible for him to go to college.

가난 때문에 그는 대학교를 가지 못한 운명이었다.

to tempt fate 위험 부담이 큰 일을 저지르다

It's tempting fate to cross the stream on those slippery rocks.

미끄러운 돌 위의 개천을 걷는 것은 위험한 일이다.

016
먼 친척보다 가까운 이웃이 낫다

… 외로운 외동아이 교육에 대한 정보를 공유하기 위해 인터넷 모임을 만든 김지현 씨는 '먼 친척보다 가까운 이웃이 낫다'는 생각을 했다고 한다 …

●●● 뜻풀이 이웃끼리 서로 친하게 지내면 먼 곳에 있는 일가보다도 더 친하다

직역하면 A good neighbor is better than a brother far off 이다.

한국만큼이나 이웃이나 가족과 끈끈히 얽힌 나라도 드물다. 이웃 neighbor에 관련된 격언들을 살펴보면 다음과 같다.

The impersonal hand of government can never replace the helping hand of a neighbor. (험프리 미대통령)
정부의 냉담한 손길이 이웃의 도움을 절대로 대체할 수 없다.

If you must love your neighbor as yourself, it is at least as fair to love yourself as your neighbor.
이웃을 자신처럼 사랑해야 한다면 자신을 이웃처럼 사랑하는 것이 공평하다.

There's one good thing about snow, it makes your lawn look as nice as your neighbor's.
눈이 오는 것에 대한 한 가지 좋은 점은 이웃의 잔디처럼 내 잔디를 예쁘게 보이게 한다.

It's a recession when your neighbor loses his job; it's a depression when you lose your own. (투루먼 미대통령)
이웃이 실직할 때는 일시적 경기 후퇴이고, 내가 실직할 때는 불황이다.

017
적반하장(賊反荷杖)

… 한-미 FTA를 신자유주의 사례로 든다면 지구상에 신자유주의 아닌 나라는 북한밖에 없다. 자산 양극화만 하더라도 사태를 이 지경으로까지 악화시킨 건 시장원칙에는 귀를 틀어 막고 있던 바로 좌파이다. 항차 이를 정치공세의 무기로 삼는 건 '적반하장'의 고달픈 노력이다 …

●●● 뜻풀이 도둑이 도리어 매를 든다

'적반하장'을 사전에서 찾아보면 The thief turns on the master with a club. 즉, '도둑이 주인한테 막대기로 대들다.'라고 직역되어 있다. 또는 Save a stranger from the sea, and he'll turn into your enemy. 바다에서 낯선 사람을 구하면 당신의 적이 될 것이다. 또는 Save a thief from the gallows and he'll cut your throat. 교수대로부터 도둑을 구하면 당신의 목을 벨 것이다. 이렇게 다양하게 직역을 하거나 유사하게 표현을 한다.

영어 표현에 The pot calling the kettle black.은 '냄비가 솥이 까맣다고 한다.'라는 뜻이다. 옛날에는 냄비도 까맣고 솥도 까만 색이었는데 누가 누구를 나무라고 있는지 억울할 때 하는 말이다.

솥 얘기가 나오니 kettle이 들어간 표현들을 살펴보자.

to be another/a different kettle of fish 전에 얘기했던 상황/사람하고 다를 때

George sings beautifully, but Sarah...now that's a different kettle of fish.
죠지는 노래를 너무 잘 부르는데 사라는 완전히 음치지.

a fine/pretty kettle of fish 어려운 상황

That's a fine kettle of fish – the plane leaves in 30 minutes and I forgot my passport.
정말 곤란하게 되었네 - 비행기는 30분 있으면 떠나고 난 여권을 잊고 안 가져 왔네.

018
말 한마디로 천냥 빚을 갚는다

… 청소년기부터 말 잘하기의 기본을 익혀 서서히 실천해 나가기를 청소년들에게 당부하고 있는 저자는 말을 잘하는 것에도 아주 중요한 비결이 존재한다고 했다. 자고로 '아 다르고 어 다르다'했으며 또 '말 한마디로 천 냥 빚을 갚는다'했다 …

••• 뜻풀이 말을 잘하는 것이 중요하다

'말 한마디로 천냥 빚을 갚는다'를 영어로 말할 때는 직역을 할 수도 있지만 돌려서 '어떻게 표현을 하는가'가 중요한 것이다 It's how you say it that counts.라고 하면 이해한다.

You can repay a big debt with a word.라고 직역을 해도 잘 이해를 할 수 있다.

Word와 관련된 관용구를 살펴보자.

Actions speak louder than words. 말 보다 행동이 더 중요하다.

to break your word 약속을 어기다

If you break your word, I will never speak to you again.

약속을 어기면 다시는 너랑 말을 안 할 거다.

to eat your words 잘못했다고 시인하는 것

I am going to make him eat his words.

나는 그가 잘못했다고 시인하게 만들 거다.

to have a word with someone 개인적으로 말을 하다

I'll have a word with him and see if he'll change his mind.

개인적으로 말을 해서 혹시 마음 바뀔지 알아 볼게.

a man of his word 약속을 지키는 사람

He's a man of his word. If he says he'll be here, he'll be here.

약속 지키는 사람이야. 온다고 했으면 올 거야.

mum's the word 비밀이다

I got a promotion, but mum's the word. I want it to be a surprise.

승진했는데. 비밀이야. 놀라게 하고 싶어.

to put in a good word for someone 누구에 대해 좋은 말을 하다

I've applied for a position in your company so I'd appreciate it if you could put in a good word for me.

너의 회사에 있는 자리에 지원했으니까 나에 대해 좋은 말 한 마디를 해주면 고맙겠다.

A word to the wise 누구한테 충고할 때 쓰는 표현

A word to the wise - don't drink and drive.

충고하건데 음주 운전하지마.

someone's word is law 누구의 말이 법이다 즉, 모두가 따라야 한다

My dad's word is law in our family.

우리 집에선 아버지의 말이 법이다.

to breathe a word 비밀을 말 하다

They promised not to breathe a word of the trip.

여행에 대해 한 마디도 안 하기로 했다.

019
믿는 도끼에 발등 찍힌다

… 이십년 동안 믿고 동고동락했던 최 측근 직원이 회사 공금을 횡령했다니 문자 그대로 '믿는 도끼에 발등을 찍힌 셈'이 되었다 …

••• 뜻풀이 믿는 사람에게 배신당하다

이 표현을 직역하면 말이 너무 어색해지기 때문에 피하는 것이 바람직하다. 오히려 우리말에 '등 뒤에서 비수를 꽂을 사람'이라고 얘기를 할 때와 같이 영어로도 to stab in the back (등에 비수를 꽂다)라고 표현한다.

찌르다 stab과 관련된 관용구들을 살펴보자.

to have/make a stab at something 해 본 적 없는 것을 시도하다

I tried giving scuba diving a stab, but I'm scared of the water.
스쿠바 다이빙을 시도 해봤는데 물이 무서워.

Back과 관련된 관용구들도 살펴보자.

to pat on the back 격려하다

My dad always gave me a pat on the back if I tried my best.
내가 최선을 다 했을 때 아버지는 항상 격려해 주셨다.

You scratch my back and I'll scratch yours. 서로 돕자

I'll pick up your kids this week and you can pick up mine next week. You scratch my back and I'll scratch yours.

이번 주는 내가 네 애들을 데리러 가고 다음 주는 네가 우리 애들을 데리러 와. 네가 내 등을 긁어주면, 내가 네 등을 긁어줄게.

to know something like the back of your hand 아주 잘 알다

He knows New York like the back of his hand.

그는 뉴욕을 아주 잘 안다.

020

원수는 외나무다리에서 만난다

… '원수는 외나무다리에서 만난다더니…' 국내 MP3플레이어업체인 엠피오가 독일에서 열리고 있는 세계 최대 규모 정보통신전시회에서 얼마 전 자사 제품의 모델을 복제하여 해외 시장에 먼저 유통시킨 중국 업체와 맞닥뜨려 큰 화제가 되었다 …

●●● 뜻풀이 원수를 가장 안 좋은 상황에서 만난다

조금 돌려서 to meet your enemy in strange places (이상한 곳에서 원수를 만나다) 또는 to face your enemy in the direst of situations (극한 상황에 처해 있을 때 원수와 직면하다) 등이 있을 수 있다. 여기서 외나무를 single-log bridge로 직역하면 이해를 못 할 것이다.

Enemy와 관련된 격언들을 살펴보자.

We have to learn to be our own best friends because we fall too easily into the trap of being our own worst enemies.
우리는 자기 자신의 최고의 친구가 되는 것을 배워야 한다. 왜냐하면 우리는 자기 자신의 최고의 적이 되기가 매우 쉽기 때문이다.

Nobody will ever win the Battle of the Sexes. There's just too much fraternizing with the enemy. (키신저)
그 어느 쪽도 성(性)대결 전쟁을 이길 수 없다. 적과 너무 친하게 지내기 때문이다.

Panic is a sudden desertion of us, and a going over to the enemy of our imagination.

패닉은 우리 자신의 포기이고 우리 상상의 적으로 넘어가는 것이다.

It is easier to forgive an enemy than to forgive a friend.

친구를 용서하는 것보다 적을 용서하기가 더 쉽다.

The reason grandchildren and grandparents get along so well is that they have a common enemy.

손자와 조부모가 잘 지내는 이유는 공동의 적이 있기 때문이다.

God and the devil lose to a common enemy: inertia.

하느님과 악마는 공동의 적에 직면하면 진다. 즉, 타성.

021

윗물이 맑아야 아랫물이 맑다

… 다수의 선생님들은 묵묵히 맡은 바 소임에 충실하다. 물론 공교육의 신뢰를 회복하려면 부적격 선생님들은 퇴출되어야 한다고 생각한다. '윗물이 맑아야 아랫물이 맑듯이' 선생님들이 부패하면 학교가 부패하지 않을 수 없는 것이다 …

●●● 뜻풀이 윗 사람이 모범을 보여야 한다

'윗물이 맑아야 아랫물이 맑다' 표현을 직역하여 The upper stretches of the stream must be clean for the lower stretches to be so.라고 하면 잘 이해한다.

아니면 What goes up must come down. '올라가면 내려오기 마련이다.' 또는 What goes around, comes around '돌고 돈다.'라고 해도 좋다.

022
이심전심(以心傳心)

… 학생들 사이 '이심전심'으로 돌던 이야기가 있었다. 김교수가 어려운 학생들을 위해 남몰래 등록금을 내주었으니 지금은 학생들이 적극 나서 중병에 걸린 교수님을 위해 성금을 모으자는 것이다 …

••• 뜻풀이 (말이나 글을 쓰지 않고) 마음에서 마음으로 서로 뜻을 전함

이심전심을 우리말로도 '텔레파시'라고 하며 영어로도 It's like telepathy! 라고 해도 좋지만 그것보다 You read my mind!(내 마음을 읽었다)라고 해도 좋다.

내가 무슨 말을 하려고 했는데 다른 사람이 먼저 얘기를 할 때 You took the words right out of my mouth!(직역-내 입에서 말을 꺼냈다), 이 경우는 긍정적인 뜻으로 사용한다.

We're on the same wavelength.(같은 주파수에 있다)라고도 할 수 있으며 이는 즉, 같은 생각을 하고 있다는 뜻이다.

023
찬물도 위아래가 있다

… 속담에 '찬물도 위아래가 있다'고 한 걸 보면 세상 어디에도 상하 서열이 없는 곳은 없는 모양이다 …

●●● 뜻풀이 무슨 일에나 순서가 있다

영어에는 위아래의 개념이라기 보다는 순서의 개념으로 to put the cart before the horse 즉, '말보다 수레를 앞에 두다'라는 표현은 있다. 서구 사회는 수직적이라 하기 보다는 수평적인 사회이기 때문에 언어에도 이런 사고방식이 반영이 된다.

Horse와 관련된 관용구들을 살펴보자.

to eat like a horse 많이 먹다

She eats like a horse but she still manages to remain thin.

많이 먹지만 날씬하다.

to climb/get on your high horse 다른 사람을 비판하면서 잘난척하다

She always gets on her high horse when people start talking about education.

교육에 대해 말이 나오면 그녀는 다른 사람의 의견을 비판하면서 잘난척한다.

Hold your horses! 기다려! (구어체)

to get something straight from the horse's mouth 관련자한테 직접 정보를 얻다

A : I've been promoted? How do you know?

B : I got it straight from the horse's mouth!

A : 나 승진했다고? 어떻게 알아?

B : 직접 들었어.

a one-horse town 별 다른 일이 없는 작은 마을

This is a one-horse town but I like to come here sometimes in order to get away from the hustle and bustle of the big city.

좀 따분한 마을이긴 하지만 때에 따라서는 대도시의 혼잡으로부터 탈피하기 위해 오길 좋아한다.

024
부부싸움은 칼로 물 베기

… 부부싸움이 배우자 살해로까지 이어지는 사례가 속출하고 있어 '부부싸움은 칼로 물베기'라는 말도 이제 옛말이 됐다 …

●●● 뜻풀이 심각하지 않은 부부간의 다툼

'부부싸움은 칼로 물 베기'라는 말을 들을 때마다 한국 사람들과 서양인들의 사고방식은 많이 다르다는 것을 느낀다. 이 표현을 보면 한국 사람들은 부부싸움을 삶의 한 부분 a fact of life 즉, 있을 수 있는 일로 여긴다는 것이다. 그다지 대수롭지 않게 생각한다는 것이다.

하지만 서양의 사고방식으로는 부부싸움은 있으면 안 되는 것이다. 그러므로 이와 같은 표현도 물론 없다. 굳이 표현하자면 A husband and wife spat/quarrel is inconsequential. (부부싸움은 별 다른 결과를 초래하지 않는다.) 정도로 할 수 있다. 싸움에 해당하는 fight는 좀 강하게 느껴지기 때문에 피하는 것이 바람직하다.

부부는 아니지만 연인 사이에 잠깐 싸우다가 마는 것을 보고 a lovers' quarrel이라고 한다. 그래서 husband and wife를 쓰지 않고 부부라도 a lovers' quarrel이라고 하면 '그다지 심각하지 않은 다툼' 정도로 이해한다.

025
형만한 아우 없다

… '형만한 아우 없다', '전편보다 나은 속편 없다'는 충무로의 오랜 불문율이 드디어 깨졌다. 한국영화도 본격적인 속편 흥행시대에 접어들어 '웰컴 투 동막골'에 이어 흥행 2위를 차지한 '가문의 위기-가문의 영광2'가 전편의 기록을 가뿐히 뛰어 넘었다 …

●●● 뜻풀이 먼저 것이 낫다. 동생은 형의 경쟁 상대가 안 된다

'형보다 나은 아우 없다'는 Younger brothers are no match for their older brothers. 정도로 표현하면 좋다. 영어는 한국어처럼 형, 동생 등 관계로 누가 위고 아래인지로 특정 지워지지 않기 때문에 형제라고 할 때는 그냥 brother라고 하고 형, 동생을 명시하려면 older 또는 younger 라는 형용사를 붙여야 한다. 그래서 동생은 형의 경쟁상대가 안 된다는 뜻이 된다.

Brother와 관련된 관용구들을 살펴보자.

to not be your brother's keeper 다른 사람의 행동에 대해 책임 없다

Don't tell me what Harry has done. I'm not his keeper.

해리가 무엇을 했는지 얘기하지 마. 난 그의 행동에 대해 책임 없어.

Big Brother 시민의 생활을 통제하려드는 정부

정부나 대형 조직이 국민이나 구성원 생활의 모든 것을 통제하려고 할 때 쓰는 표현으로 George Orwell의 '1984년'에서 나온 개념이다.

With all these security cameras, I feel like Big Brother is watching me all the time.

CCTV가 많아서 정부가 나를 항상 감시하고 있는 기분이다.

blood brother 의형제

I would do anything for him. He's my blood brother.

난 그를 위해 무엇이든 하겠어. 그는 나의 의형제기 때문에.

everyone and his brother 많은 사람

I thought this was going to be a quiet dinner but it looks like everyone and his brother has come.

조용한 저녁일줄 알았다 사람이 너무 많이 왔다.

Brother와 관련된 격언을 살펴보자.

A brother shares childhood memories and grown-up dreams.

형제는 어릴 적 추억과 어른의 꿈을 공유한다.

If you want to know how your girl will treat you after marriage, just listen to her talking to her little brother.

여자친구가 결혼한 후에 나를 어떻게 대해 줄 건지 궁금하면 남동생한테 말하는 걸 들어봐라.

A brother is a friend given by Nature.

형제는 자연이 준 친구다.

026
약육강식(弱肉强食)

… 양극화를 정권 말기의 화두로 내걸고 쟁점화하여 과거 정권 및 기업과 기득 세력의 '약육강식'의 결과라고 몰고 가는 분위기를 이제는 유권자가 나서서 심판해야 한다는 주장도 있다 …

••• 뜻풀이 약한 것이 강한 것에게 먹힘

'약육강식'은 흔히 '정글의 법칙' 즉 the law of the jungle이라고 표현하며, '강자만이 살아 남는다' 즉 only the strong survive 또는 '적자생존' 즉 survival of the fittest라고 표현하기도 한다. 이는 약육강식을 보는 입장이 다른 것을 반영하는 표현들이다. '약자는 강자에게 먹힌다'는 시각에서 말하려면 The weak are the prey of the strong. 또는 The weak fall prey to the strong. (약자는 강자의 먹이이다)라고 하면 된다.

Law와 관련된 표현들을 살펴보자.

to be a law unto yourself 자기 멋대로 행동하는 것

Don't bother to say anything. Tom always does what he wants. He's a law unto himself.

무슨 말 해도 소용 없어. 탐은 항상 자기가 원하는 대로 하지. 그는 자기 멋대로 행동하니까.

to lay down the law 반응에 대해 신경 쓰지 않고 명령하다

Who does he think he is? He can't just come in and start laying down the law.

그가 뭐길래? 여기 와서 마음대로 명령할 수 없잖아.

the letter of the law 법의 정신보다 법의 정확한 문구

Sometimes you need to apply the spirit of the law and not just the letter of the law.

때에 따라서 법의 정확한 문구보다 정신을 적용해야 할 때가 있다.

the long arm of the law 경찰 (풍자적인 표현)

The robbers couldn't escape the long arm of the law.

도둑들이 경찰을 피할 수 없었다.

to take the law into your own hands 법 대신 본인이 직접 행동을 취하는 것

After years of being harassed by the thugs, he decided to take the law into his own hands.

그는 수년간 깡패들한테 괴롭힘 당하다가 자신이 알아서 하기로 결정했다.

There's no law against something 어떤 행동/말에 대해 비판 받을 때 씀.

다음 예문을 보면 이해하기 쉽다.

A : You bought another pair of shoes?

B : So? There's no law against buying shoes.

A : 또 신발 샀어?

B : 그래서? 신발 사는데 보태준 것 있어?

to be above the law 규정/규칙의 적용을 받지 않는

This just proves that politicians are not above the law.

이걸 보면 정치가들도 법을 따라야 한다는 것을 알 수 있다.

III. 상황

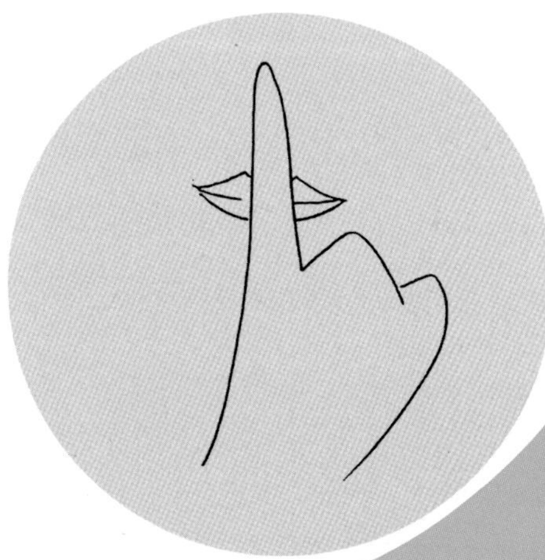

027
어부지리(漁父之利)

… 지구촌 패권을 노리며 사사건건 대립하고 있는 미국과 중국은 이번에는 차기 유엔 사무총장 선출을 놓고 힘겨루기에 돌입하였다. 반 장관을 후보로 내세운 한국은 21세기 두 고래 싸움에 과연 희생양이 될지, '어부지리'를 할지 궁금하다 …

••• 뜻풀이 두 사람이 맞붙어 싸우는 바람에 엉뚱한 제3자가 덕을 봄

고사의 예

민물조개가 강변에서 입을 벌리고 햇볕을 쬐고 있었는데 갑자기 새 한 마리가 날아와서 벌린 조개의 살을 부리로 쪼았다. 그러자 놀란 조개가 잽싸게 입을 닫아서 부리를 물어 버렸다. 그리고는 서로가 서로를 놓아주지 않았다. 새는 새대로 오늘도 내일도 비가 오지 않는다면 너는 죽게 된다 하였고 조개는 조개대로 내가 놓지 않으면 네가 죽으리라 하였다. 그런 상태로 서로 버티고 있는데 마침 지나가던 어부가 조개와 새가 물고 쪼고 있는 것을 보고는 둘 다 잡아간 것이다. 즉, 서로를 물고 놓지 않으면 엉뚱한 제3자가 나타나 모두를 취하게 된다는 뜻이다. 소대는 이 이야기를 한 후에 연(燕)은 민물조개이고 조(趙)는 도요새라고 말하였다. 전국시대 인근국이었던 연나라와 조나라가 서로를 물고 놓지 않는 형국이 되면 강국인 진나라가 조와 연을 모두 취하게 될 것이라고 얘기하여 조나라 왕이 연나라를 공격할 생각을 버렸다는 고사에서 유래한다.

Play both ends against the middle 표현을 사용하는 방법은 어부지리와는 다소 다르다고 생각하지만 의미는 비슷하다. 다시 말해, 어부지리는 약간의

우연, 고의성이 없다고 여겨지는 반면 영어에는 고의성이 있다. 예를 들어, He played both ends against the middle by telling the one side that the other was offering a higher price. (다른 쪽이 더 높은 가격을 제시한다고 하면서 '어부지리'격으로 가격을 올리려고 했다.)

그렇다면 play와 관련된 표현을 잠깐 살펴 보자.

All work and no play makes Jack a dull boy. 미국에서 자주 쓰는 격언으로 일만 하고 '놀지' 않으면 재미 없다는 뜻으로 공부벌레 또는 일벌레에게 핀잔 주고 싶을 때 쓰는 표현이다. 짧게 All work and no play…라고 해도 다들 이해한다. 여기서 주의 해야 할 것은 우리 말로 '놀다'와 영어의 play는 다르게 사용 된다는 것. 예를 들어, "너 어제 뭐 했니?" 그러면 별 다른 일을 하지 않았다는 뜻으로 "응, 나 놀았어."라고 하는 경우가 많다. 이 생각을 하면서 영어로 직역해서 "What did you do yesterday? Oh, I played.라고 답변하면 성인으로서는 상당히 부적합한 답변이 된다. 영어로 놀았다(play)라고 하면 어떤 놀이를 했다는 뜻이 되야 한다. I played cards; I played football; I played chess 처럼 "~을 하고 놀았다".

하지만 별 다른 일을 하지 않았다고 말하고 싶으면, Nothing much. 또는 속어로는 I goofed off.이라고 하면 된다. 또 주의해야 할 점은 I goofed up이라고 하면 곤란하다. I goofed up이라고 하면 '난 실수 했어.'라는 뜻. 전치사 하나 때문에 뜻이 완전히 달라질 수 있다는 것 잊어서는 안 된다!

Play와 관련된 관용구를 살펴보자.

to play around '배우자가 아닌 사람하고 관계를 갖다' 또는 '장난치다'

Be careful of Richard. He's played around with all the women in the office.

리챠드를 조심해. 사무실에 있는 여자들하고 관계를 가졌어.

Quit playing around and get back to work.

장난 그만 치고 일해.

Two can play at that game!

누구한테 당했을 때, 똑같이 보답해주겠다고 으름장을 놓을 때 쓰는 표현. “너만 그래? 나도 그럴 수 있다! 똑같이 해주지.”

a play on words 말장난

play it by ear 상황을 보며 그때 그때 반응하는 것

028
탁상행정(卓上行政)

… 식의약청은 앞으로 화장품 성분이 들어있는 장난감을 완구류가 아닌 화장품으로 분류해 안전관리를 보다 철저히 할 계획이다. 이 경우 현행 화장품법에 어린이용 색조 화장품이 허용돼 있지 않기 때문에 자동적으로 모든 제품의 제조나 수입이 사실상 금지된다는 것이다. 업계에서는 당국의 이런 움직임에 대해 '요즘 어린이들의 실상을 무시한 탁상행정'이라고 강력 반발하고 있다 …

••• 뜻풀이 공무원들이 실상을 무시하고 책상에 앉아 하는 행정을 비판하는 표현

'탁상행정을 없애야 한다'는 뜻으로 eliminate 'armchair' bureaucracy라는 표현을 써도 되고 또 요즈음 표현으로 by remote라고 할 수 있다. 예를 들어, '공무원들은 원격 결정을 내린다'는 뜻으로 The government employees make decisions by remote.라고 표현할 수 있다.

미국 사람들은 미식축구를 유난히 즐긴다. 주말은 물론 추수감사절, 신년 등과 같은 주요 공휴일에도 꼭 주요 경기가 있다. 사람들은 각자 응원하는 팀들이 있어 선수들의 이력과 최근 통계수치를 꿰뚫고 필요할 때 읊는다. 직접 선수로 뛰는 것은 어렵지만 누구나 다 생각은 있으니까 armchair에 앉아서 '이랬어야 했다, 저랬어야 했다'하면서 말이 많다. 대부분의 경기는 일요일에 있기 때문에 Monday morning quarterback은 일반적으로 사후에 '이랬어야 했다'는 식으로 '말 많은 사람'을 지칭하는 표현이다. 참고로, quarterback은 미식 축구에서 작전을 지휘하는 중요한 역할을 한다.

Bureaucracy와 관련된 격언을 살펴보자.

Bureaucrats are the only people in the world who can say absolutely nothing and mean it.
공무원들만이 의미 없는 말을 진실되게 할 수 있다.

Bureaucracy is the art of making the possible impossible.
관료주의는 가능한 일을 불가능하게 만드는 예술이다.

029
갑론을박(甲論乙駁)

… 지난 2001년에도 법인세율 인하 문제를 놓고 정치권 등을 중심으로 '갑론을박'이 치열했었다 …

●●● 뜻풀이 서로 자기의 의견을 내세워 남의 의견을 반박함

서로 자기 주장을 하며 남의 의견을 반박한다는 뜻으로 to argue the pros and cons가 있다.

밤새도록 얘기해도 합의가 안될 것 같을 때 다음과 같이 말하면 된다.

We could argue the pros and cons all night but I don't think that we'll ever see eye to eye.

우리가 밤이 새도록 갑론을박을 따질 수 있겠지만 의견 일치는 못 볼 것 같다.

You argue for and I'll argue against.

너는 긍정적으로 얘기하고 나는 부정적으로 말한다.

논쟁과 관련된 격언을 살펴보자.

Behind every argument is someone's ignorance.

모든 논쟁 뒤에는 누군가의 무지가 있다.

Strong and bitter words indicate a weak cause.

강하고 적의에 찬 말은 명분이 약한 것을 보여준다.

Debate is the death of conversation. 토론은 대화의 죽음이다.

It takes two to quarrel but only one to end it.

싸우는데 두 사람이 필요하지만 끝낼 때는 한 사람만 필요하다.

The devil can cite Scripture for his purpose.

사탄은 그의 목적을 위해 성경을 인용할 수 있다. (서양에서는 본인의 주장을 정당화하기 위해 성경을 인용하는 경우가 많기 때문에 이러한 말도 나온 것이다.)

Never talk politics or religion at the dinner table.

식사하면서 정치 또는 종교 얘기는 절대 하지 마라.

030
솜방망이 처벌

… 창원지법이 공무원, 경제인 등 범죄에 대한 처벌을 강화하는 내용의 '양형(量刑) 기준'을 전국 법원 가운데 처음으로 만들어 시행에 들어감에 따라 초범이거나 사회 발전에 기여했다는 이유, 또는 잘못을 반성한다는 이유로 화이트칼라 범죄에 대해 집행유예나 선고유예로 '솜방망이 처벌'을 하는 일이 대폭 감소될 것으로 보인다 …

●●● 뜻풀이 약한 처벌

'솜방망이 처벌'처럼 죄질이 나쁜 데도 형식적으로 약한 처벌을 받을 때 '손목을 살짝 때리는 것' 즉, a slap on the wrist라고 한다.

정의가 있는 사회를 구현하기 위해서는 기본이 되는 개념은 바로 '처벌은 죄에 걸맞아야 한다.' 즉, The punishment must fit the crime. 이다.

Slap과 관련된 관용구를 살펴보자.

a slap in the face '모욕' 또는 '모욕적인 행동'

Appointing a die-hard liberal was a slap in the face for the conservative party. 자유당 골수를 임명한 것은 보수당한테는 모욕적인 행동이었다.

a slap on the back 칭찬

He got a slap on the back for his good work. 일을 잘 했다고 칭찬 받았다.

to slap someone/something down 어떤 계획 또는 아이디어를 거부하다

The department chief slapped down every suggestion I made.
내가 한 모든 제안을 거절했다.

031

토사구팽(兎死狗烹)

... 노성일 미즈메디병원 이사장은 지난해 12월 16일 기자회견에서 "사실조차 몰랐다"고 주장했습니다. "그냥 버림받았다고 저는 봤습니다. '토사구팽'이라고 아시나요"

●●● 뜻풀이 토끼 사냥이 끝나면 사냥개는 삶아 먹힌다는 뜻. 곧 쓸모가 있을 때는 긴요하게 쓰이다가 쓸모가 없어지면 헌신짝처럼 버려진다는 말

이를 직역을 하면 The hunting dog is boiled and eaten after the rabbit has been hunted down.이라고 할 수 있지만 좀 길다고 느껴질 수 있는 표현이다.

버림을 받는 사람 입장에서는 I was used.라고 할 수 있고 버리는 사람 입장에서는 You've outlived your usefulness.라고 할 수 있다. 관용구로는 He used me and threw me out like an old shoe. 라는 표현이 자주 쓰인다.

032
삼고초려(三顧草廬)

… 작가 이외수 씨는 지난주 강원 화천군 상서면 다목리의 '감성 마을'로 이사했다. 그는 춘천시에서 1965년부터 살아와 춘천 하면 떠오르는 인물 가운데 한 명으로 꼽혀 왔는데 환갑의 나이에 근거지를 옮긴 것이다. 여기에는 집 주변 환경이 다소 소란스러워져서 이사할 곳을 찾는다는 소식을 들은 화천 군수가 이외수 씨를 찾아가 '삼고초려'했다고 한다. 이 씨에 따르면, 화천 군수가 '원하는 곳을 고르면 집필실과 연수관 등을 지어 주겠다'고 제의해 와 작지만 고적한 데를 골랐다고 한다 …

••• 뜻풀이 인재를 맞아들이기 위해서 여러 번 찾아가서 예를 다하는 일

우리 말에서도 삼세번이라는 표현이 있는데 영어로도 third time's a charm; third time's the charm; third time lucky 등과 같은 표현이 있다. 그래서 이 상황에서는 '삼고초려'와 맞아 떨어지지는 않지만 '3'도 들어가고 비슷한 분위기로 다음과 같이 설명할 수 있다. They visited Mr. Lee three times and the third time was the charm. '이씨를 세 번이나 찾아갔는데 세 번째에는 만나는데 성공했다.'

Third와 관련된 관용구를 살펴보자.

the third degree 고문, 심문

My father gave me the third degree when I got home late.
집에 늦게 돌아왔더니 아버지가 나를 심하게 심문했다.

033

우왕좌왕(右往左往)

… 평소 주치의가 예상했던 후유증이 나타나 뇌경색으로 숨졌는데 레지던트들은 심장 이상으로 판단하여 '우왕좌왕'하다 급박한 시간을 허비한 결과 환자가 사망했다며 유가족들은 울분을 터트렸다 …

●●● 뜻풀이 방향을 정하지 못하고 오락가락함

우왕좌왕을 명사로 쓰고 싶으면 confusion, chaos, mess, muddle 등과 같은 명사를 쓰면 좋고 우왕좌왕하다 즉, 동사로 쓰고 싶으면 go this way and that, rush pell-mell과 같은 표현이 있다. 말로 설명하고 있는데 그다지 논리적으로 말을 하지 않았고 설득력이 없다고 말을 하고 싶을 때는 That was neither here nor there.라고 하면 된다. 정신 없이 약간 미친 사람처럼 행동하는 사람을 보고 He was running around like a chicken that's lost its head.라고 한다.

비슷하기 때문에 혼돈하기 쉬운 표현 중 right and left이라는 말이 있는데 이 표현은 공격을 당하는 입장을 묘사하기 위해 사용한다. 예를 들어, The soldiers knew that they had lost when the enemy came from right and left. (적군들이 사방팔방서 공격하기 시작할 때 군인들은 패배한 줄 알았다.)

오른쪽 왼쪽과 관련된 표현을 잠깐 짚고 넘어가면 :

Her left hand doesn't know what her right hand is doing.
왼손은 오른손이 무엇을 하는지 모른다. (자선을 배풀 때 주로 쓰는 표현이다.)

a left-handed compliment 칭찬인지 모욕인지 칭찬 같지 않는 칭찬

right side of the tracks/wrong side of the tracks
부유층이 사는 지역/빈곤층이 사는 지역

right-hand man 내 오른 팔 (심복)

034
마이동풍(馬耳東風)

… 정권에 타격을 줄 만큼 경제가 불황의 늪에서 허덕이고, 세금 부담이 늘어나는데도 진단과 해법에서 '마이동풍'을 고수해 온 위정자들의 행태가 달라지길 기대하지만 결과는 역시 미지수이다 …

●●● 뜻풀이 아무리 얘기해도 소용이 없다

영어에도 같은 뜻의 표현이 다양하다.

To fall on deaf ears. To go unheeded. In one ear, out the other.

모두 한 귀로 듣고 한 귀로 흘린다는 뜻이다.

My advice fell on deaf ears.

나의 충고는 마이동풍이었다.

For children, their mother's nagging often goes in one ear and out the other.

아이들에게 엄마의 잔소리는 마이동풍인 경우가 많다.

이와 반대의 뜻을 가진 표현도 살펴보자.

to be all ears 너무 열심히 듣다

The children were all ears when we started talking about their grades.

성적 얘기를 하기 시작했더니 애들이 너무 열심히 듣기 시작했다.

Ear와 관련된 표현들을 살펴보자.

to be wet behind the ears 머리에 피도 안 마르다

to be bend someone's ear 누구한테 말을 많이 하다

He's been bending my ear for an hour now.
그는 한 시간째 말을 하고 있다.

to listen with half an ear 열심히 듣지 않다

I listened with half an ear because I've heard it before.
그 전에 들은 얘기라서 열심히 안 들었다.

to lend someone an ear 누구의 말을 들어주다

If you have any problems, don't hesitate to come to me. I'm always willing to lend you my ear.
문제 있으면 주저하지 말고 나를 찾아와. 난 언제든지 들어줄 의향이 있어.

Walls have ears. 벽에도 귀가 있다. 즉, 누군가 엿듣고 있을지 모른다

Ear와 관련된 격언을 살펴보자.

You can't make a silk purse out a sow's ear.
품질이 안 좋은 것으로는 좋은 것을 만들 수 없다.

Friends, Romans, countrymen, lend me your ears
친구여, 로마 사람들이여, 동포여, 내 말을 들으소서.

035
연목구어(緣木求魚)

… 김정일 북한 국방위원장이 지난 달 중국의 경제특구를 둘러보고 큰 감명을 받았다고 하여, 현재의 북한에서 최초의 독일 여성 총리인 엥겔라 메르켈을 지칭하는 '한반도판 메르켈'이 나오기를 기대하는 건 그야말로 '연목구어'이다 …

●●● 뜻풀이 나무에 올라 고기를 얻으려고 한다. 되지도 않을 엉뚱한 바람이나, 잘못된 방법으로 어떤 목적을 이루려 함을 비유한 말

개들이 사냥을 하다가 표적이 나무 위에 올라가면 개들은 나무 밑에서 짖어대기만 하고 올라가질 못한다. 하지만 표적이 다른 나무에 올라가 있으면 좀 우스운 모습이 될 것이다. 이를 비유해서 You're barking up the wrong tree. '직역하면 '다른 나무에 대고 짖는다'이며 찾는 표적을 엉뚱한 곳에서 찾거나, 엉뚱한 사람에게 물을 때 사용하는 좋은 표현이다.

또는 Waylon Jennings이라는 컨트리 뮤직 가수가 불러 히트한 노래 제목이 lookin'for love in all the wrong places인데 이것 역시 엉뚱한 곳에서 무엇을 찾는다는 얘기다.

036
결자해지(結者解之)

… 우리 정부는 북한의 반인권 및 달러 위조 등 범죄행위에 대해서는 '결자해지'를 요구하는 자세를 분명히 보여야 하며, 그런 원칙 위에서 미국과 북한을 동시에 설득해 나가는 수밖에 없다는 것이 요즈음 일부 언론들의 주장이다 …

••• 뜻풀이 매듭은 맺은 사람이 풀어야 한다는 뜻으로, 일을 저지른 사람이 해결해야 한다는 말

'결자해지'는 영어로 풀어서 설명하려면 You have to live with the consequences.라고 할 수 있다. 격언에 You've made your bed, now lie on it. (네가 침대를 정리한대로 누워 자야 한다.)가 있는데 유사한 뜻으로 사용할 수 있다.

같은 맥락에서 사용할 수 있는 격언이 더 있다.
As the cap is put on, so it must be worn.
모자는 쓰이는 대로 쓰고 있어야 한다.
If the shoe fits, wear it. 신이 맞으면 신어라.

Bed와 관련된 관용구를 살펴보자.

a bed of nails 상당히 불편한 상황 또는 일

He accepted the job but he doesn't know that it's a bed of nails
그는 일을 하겠다고 했는데 얼마나 어려운 일인지 잘 모른다.

To be in bed with someone을 직역하면 '누구와 함께 침대에 누워 있다'라는 뜻으로도 사용하고 그 외에 비유적으로 '누구와 석연치 않는 관계를 맺다'라는 뜻으로도 사용한다.

He's been in bed with the communists every since he was a young boy
그는 어렸을 때부터 공산주의자들과 가까이 지냈다.

no bed of roses 어려운 상황

Raising children and working at the same time is no bed of roses for women in Korea.
아이를 키우면서 직장을 다니는 것은 한국 여성들한테 무척 힘든 일이다.

037
공명정대(公明正大)

… 비리로 얼룩진 공천 과정의 후유증을 해소하기 위해 '공명정대'한 당 공천 기준이 필요하다 …

●●● 뜻풀이 정정당당하게

'공명정대'는 to do something fairly 또는 fair and square라고 표현할 수 있다.

예를 들어 I won the game fair and square. (정정당당하게 게임을 이겼다.)

Fair와 관련된 표현들을 살펴보자.

the fair sex 여성

My father told me to take care of my sister since she is of the fair sex.

우리 아버지는 누이가 여자이기 때문에 돌보라고 했다.

fair-weather friend 일이 잘 될 때만 친구라고 하는 사람

Fair-weather friends are never any help.

일이 잘 될 때만 친구라고 하는 사람은 아무런 도움이 안 된다.

fair shake 정당한 대우

All I ever asked for was a fair shake.

내가 원했던 것은 정당한 대우뿐이었다.

038

구태의연(舊態依然)

… 정부의 세금정책은 여러 면에서 난맥상이며, 정책 추진 방식은 '구태의연'하고, 우선순위도 누구나 선뜻 동의하기 어려운 실정이다 …

●●● 뜻풀이 옛날의 상태가 계속되어 변화나 진보가 조금도 없는 것

'옛 것과 같다'는 쉽게 풀어서 outdated 또는 old-fashioned라고 해도 된다.

예를 들어, Your ideas are outdated. (너의 아이디어들은 시대에 뒤떨어진 것이다.

또는 I fell in love with her because we share the same old-fashioned values. (우리는 같은 오래된 가치를 공유하기 때문에 사랑에 빠지게 되었다.) 여기서 주의할 점은 outdated는 부정적인 뉘앙스가 있는 반면 old-fashioned는 다소 긍정적으로 사용할 수 있다. 즉, 오래된 것이지만 전통과 뿌리가 있는 것을 일컬을 때에는 outdated 보다는 old-fashioned라고 하는 것이 바람직하다.

비슷한 뜻 같이 보이지만 다르게 사용하는 anachronistic 즉, 시대 착오적인이라는 단어도 알아두고 적절히 사용하면 격이 있는 표현이다.

예를 들어, The red tape needed to set up a business is anachronistic. (사업을 시작하기에 필요한 서류들은 시대 착오적인 것이다.)

039
궁여지책(窮餘之策)

… 국내 휴대폰 업체들은 뾰쪽한 대책이 없어 특허소송 사실 자체를 쉬쉬하면서 1년여 동안 속앓이만 해왔다. 국내 휴대폰 업체들은 '궁여지책'으로 일단 영문자 입력기술을 구입한 AOL에 모든 책임을 넘기고 사태 수습을 요구하고 있다 …

••• 뜻풀이 매우 어렵사리 짜낸 계책

'궁여지책'은 관용구로는 the last resort라고 할 수 있고 또는 a desperate measure라고 할 수 있는데 절망적인 조치는 여러 개가 있을 수 있기 때문에 정관사를 사용할 필요가 없고 그냥 부정관사 a를 사용하면 된다.

to the last ditch/a last ditch effort 궁여지책

As a last resort, we could go to court.
궁여지책으로 소송을 걸 수도 있다.

She started to cry as a desperate measure.
궁여지책으로 울기 시작했다.

She called the publisher in a last ditch effort to stop publication.
출판을 막기 위해 궁여지책으로 출판사로 전화했다.

이와 관련된 관용구로 When push comes to shove...가 있는데 push는 미는 것이고 shove는 push보다 더 강하고 난폭하게 미는 것을 뜻한다. 다시 말해, '그냥 미는 것으로는 부족하여 더 난폭하게 밀어야 할 때', 즉, '극한 상황에 처해 있을 때'라는 뜻이다.

040

기왕지사(旣往之事)

… 그 감독은 처절한 기생의 삶을 보여주고자 했다. '기왕지사' 애처롭게 보여주겠다면 주체할 수 없을 정도로 눈물을 흘리게 할 슬픈 기생 이야기 많았겠지만 그는 결국 선을 넘지 않았다 …

••• 뜻풀이 이미 지나간 일. 이왕지사

'기왕지사'는 쉽게 Forget the past. 즉, '과거를 잊어라'라고 할 수 있다. 또는 Let bygones be bygones. '지나간 일은 지나간 것으로 놔둬라.'라고도 할 수 있다. 특히 안 좋은 일과 연관시켜서 쓰는 표현이기에 Forgive and forget. 즉, '용서하고 잊어라'라는 표현하고도 같은 맥락에 사용 할 수 있다.

또는 Let the dead bury their dead. 즉, '죽은 이들이 죽은 자를 묻게 해라.' 또는 Let sleeping dogs lie. '자고 있는 개를 건드리지 마라.'라는 등 다양한 표현들이 있다.

Forgiveness와 관련된 격언을 살펴보자.
The weak can never forgive. Forgiveness is the attribute of the strong.
(간디) 약한 자는 용서를 할 줄 모른다. 용서는 강한 자의 속성이다.

Forgiveness is me giving up my right to hurt you for hurting me.
용서는 나를 아프게 했기 때문에 너를 아프게 할 권리를 포기하는 것이다.

Forgiveness is not an emotion, it's a decision.
용서는 감정이 아니라 결정이다.

041
조삼모사(朝三暮四)

… 건축 후 50년이 지나 다시 재건축할 때 입주민을 쫓아낼 수밖에 없는상황이 오면, 처음엔 분양가가 내린 것같이 보이지만 결국 부담이 비슷한 '조삼모사'가 되는 꼴이다 …

●●● 뜻풀이 직역하면 '아침에 셋, 저녁에 넷'이라는 뜻으로 눈 앞에 보이는 차이만 알고 결과가 같은 것을 모르는 것. 간사한 꾀로 남을 속이고 농락하는 것

고사의 예

장자의 우화로, 어떤 원숭이 기르는 사람이 원숭이에게 상수리를 주면서 아침에 세 개 저녁에 네 개씩을 주겠다고 하니 원숭이들이 성을 내므로, 말을 바꾸어 아침에 네 개 저녁에 세 개를 준다고 하니 좋아했다는 이야기에서 유래한 표현이다.

누구를 속이는 것이지만 단순히 거짓말을 하는 것과 달리 고수들이 치밀한 계획 하에 속이는 것을 보고 the confidence game 또는 짧게 해서 the con이라고 한다. 상대방의 신뢰를 어느 정도 얻고 나서 속이는 것이다. 이를 잘 하는 사람을 보고 con artist라고 한다. 잘 하면 일종의 예술(?)과 같은 이런 한 건을 보고 con job이라고 한다.

1973년 Robert Redford와 Paul Newman의 주연 영화 The Sting이 당시 센세이션을 일으켰고 오스카상을 7개 부문이나 휩쓸었다. 사기를 치기 위해 복잡한 계획을 세우는 과정을 잘 묘사한 영화였다. Sting은 속어로 '누구를 속이다'는 뜻이다. 당국이 계획한 함정 수사라는 말을 요즈음 가끔 듣는데 영어로는 sting operation이라고 한다.

042
돌다리도 두들겨보고 건넌다

… 일본사람들은 많은 부분에서 신중을 기한다. 즉, '돌다리도 두들겨보고 건너는' 방식이 몸에 배어 있는 사회다 …

●●● 뜻풀이 신중을 기해 안전하고 확실한 것도 다시 한번 살펴본다

직역을 하면 Even if it's a stone bridge, tap on it to make sure it's safe before you cross it. 아니면 많이 쓰는 영어표현인 Look before you leap.(뛰기 전에 살펴봐라)는 '늘 조심해야 한다'는 뜻을 암시한다.

다리 얘기가 나왔으니 bridge가 들어간 표현들을 살펴보자.

Mistakes are the usual bridge between inexperience and wisdom.
실수란 무경험과 지혜를 엮는 다리이다.

He who cannot forgive breaks the bridge over which he himself must pass.
용서하지 못하는 사람은 자신이 건너가야 할 다리를 부수는 것과 같다.

The best bridge between despair and hope is a good night's sleep.
절망과 희망을 엮는 최고의 가교는 숙면하는 것이다.

The hardest thing to learn in life is which bridge to cross and which to burn.
인생에서 제일 배우기 힘든 것은 어떤 다리를 건너야 하고 어떤 다릴 없애야 하는지를 아는 것이다.

In giving you are throwing a bridge across the chasm of your solitude.
주는 것은 고독의 협곡에 다리를 놓는 것이다.

043
정문일침(頂門一鍼)

… 한국이 국민소득 2만 달러가 되려면 온정주의를 버려야 한다고 제프리 존스 미래동반자 재단 이사장이 말했다. 주한 미상공회의소 회장을 역임했던 그는 한국인에 대해 깊이 이해하고 있는 사람이다. 실제 경영현장에서 볼 때 이러한 그의 말은 '정문일침'과 같아서 어떻게 외국인으로서 이렇게 정확한 지적을 할 수 있는지 그저 놀라울 따름이다 …

●●● 뜻풀이 정수리에 침을 놓는다, 즉 '정곡을 찌른다'는 뜻

'정문일침'을 풀어서 a criticism that hits home이라고 할 수 있다. 아니면 '아픈 데다.' That's a sore spot.이라고도 할 수 있다.

예를 들어,

A : He's been living in Korea for ten years but he still can't speak Korean.

B : Yeah, that's a sore spot.

A : 한국에 산지 10년 됐는데 아직도 한국말을 못해.

B : 응, 바로 아픈 데야.

To hit below the belt는 권투에서 유래한 표현으로 벨트 아래를 치는 것인 만큼 반칙을 뜻한다. Foul play와 같은 뜻으로 정직하지 못한 행동을 말한다.

정곡을 찌르는 말, 비판 criticism과 관련된 격언들을 살펴보자.

To escape criticism - do nothing, say nothing, be nothing.

비판으로부터 자유롭고 싶으면 아무것도 하지 말고, 아무 말도 하지 말고, 아무것도 되지 말아라.

The test of democracy is freedom of criticism.

진정한 민주주의 시험은 비판의 자유이다.

A man needs self-acceptance or he can't live with himself; he needs self-criticism or others can't live with him.

사람은 자신을 받아드리지 못하면 자신과 살지 못하고 자신을 비판할 줄 알아야 다른 사람들이 그와 살 수 있다.

Criticism, like rain, should be gentle enough to nourish a man's growth without destroying his roots.

비판은 비처럼 뿌리를 망가뜨리지 않은 채 성장 시켜줄 수 있을 만큼 부드러워야 한다.

044

언중유골(言中有骨)

… 노 대통령은 "외교부 공무원들이 독특하고 배타적이고 철밥통이라는 얘기를 들었는데 많이 개방됐죠."라고 반문한 뒤 "많이 괴로웠을 텐데 고칠 것은 고친 것으로 안다. 여러분들의 노력 때문에 외교부의 몇 가지 실책을 언론이 엄청나게 떠들 때도 문책하지 않았다."고 짚었다.. 한 참석자는 "대통령의 말씀에는 공관장들에 대한 칭찬과 격려 이외에 메시지가 있는 것 같다."라면서 '언중유골'로 풀이했다 …

••• 뜻풀이 직역하면 '말에 뼈가 있다' 즉, '말 속에 숨겨진 의미가 있다'는 뜻이다

영어로는 the implied/veiled meaning in a remark라고 할 수 있다. 또는 the hidden meaning이라고도 할 수 있다. 다른 표현으로는 to read between the lines (행간을 읽어야 한다)도 있다.

'읽는다'는 얘기가 나왔으니 read와 관련된 관용구들을 살펴보자.

to read cover to cover 처음부터 끝까지 읽다

Every morning he reads the newspaper from cover to cover.
아침마다 신문을 처음부터 끝까지 읽는다.

to read someone like a book 말을 안 해도 속을 다 아는

They've been together so long they can read each other like a book.
너무 오랫동안 같이 있었기 때문에 서로가 서로의 속을 다 안다.

Read my lips! 내 말을 잘 들어라(다소 무례한 어투)

Read my lips, you are not going to the movies on a school night.
내 말 잘 들어. 주중에 영화 보러 못 간다.

to read the fine print 사소한 것까지 다 읽다

Be sure to read the fine print before you sign a contract.

계약서에 서명하기 전에 작은 글씨로 쓴 것까지 꼭 읽어라.

to read someone the riot act 누구를 심하게 야단 치는 것

His father read him the riot act when he came home late.

늦게 귀가했다가 아버지한테 호되게 혼났다.

to read the writing on the wall 위험한 처지에 있음을 깨달음

(뭔가 불길한 일이 생길 것이라는 사실을 감지할 때 쓰는 표현임)

They read the writing on the wall and tried to sell their shares.

위험한 처지에 있다는 것을 알게 되어 주식을 팔려고 했었다.

045

병주고 약준다

… 양극화 해소 정책의 수혜자인 서민들이 대통령을 지지하지 않는 것은 양극화 현상 자체를 현 정부가 만들었다고 생각하기 때문이다. 국민들은 '병주고 약준다'고 생각하는 것 같다 …

●●● 뜻풀이 원인도 제공하고 해결방안도 제공한다

'병도 주고 치료도 해준다'는 to give the disease and offer the remedy라고 할 수 있지만 to be the cause of the problem and its solution이라고 하면 상황에 따라 더 적절한 표현이 된다.

예를 들어, The government scrapped its plan to develop this mountain. It was the cause of the problem and now it has provided the solution.
정부가 이 산을 개발할 계획을 취소했다. 병 주고 약 주는 격이다.

병 얘기가 나왔으니 disease가 들어간 표현들을 살펴보자.

Youth is a disease from which we all recover.
젊음은 우리가 모두 회복되는 질병이다.

Diseases of the soul are more dangerous and more numerous than those of the body. (키케로)
마음의 질병은 몸의 질병보다 더 위험하고 더 많다.

The appearance of a disease is swift as an arrow; its disappearance slow, like a thread. (중국 속담)
질병은 화살처럼 빠르게 나타나고 실처럼 천천히 사라진다.

An imaginary ailment is worse than a disease. (유대인 속담)
가상의 병은 질병보다 더 심하다.

To do nothing is sometimes a good remedy. (히포크라테스)
때에 따라 아무 것도 하지 않은 것이 좋은 치료가 될 수 있다.

The best remedy for a short temper is a long walk.
화가 나면 제일 좋은 치료방법은 산책하는 것이다.

Remedy it, or welcome it: a wise man's only two choices.
고치던지 받아들이든지: 그것이 지혜로운 사람의 두 가지 선택이다.

046

언 발에 오줌누기

… 대형 유통 업체들이 지방에 연이어 개점함에 따라 재래 시장들이 크게 위협 받고 있다. 이러한 상황에서 지방자치 단체들은 지역상권 활성화의 근본적인 대책을 내놓지 않은 채 그때 그때 '언 발에 오줌누기'식으로 구태의연한 대책을 내놓고 있어 빈축을 사고있다 …

••• 뜻풀이 다급하고 어려운 국면에 처하다 보면 해서는 안 되는 일인 줄 알면서도 일시적 상황을 회피할 요량으로 얼토당토않은 일을 저질러 결과적으로 낭패를 불러온다는 뜻

이 표현을 그대로 직역한다면 to urinate on a frozen foot이지만 무슨 뜻인지 전혀 이해 못 할 것이다. 이를 조금 더 설명해서 to urinate on a frozen foot in order to thaw it이라고 하면 조금 더 이해 할 수 있을 것이다. 하지만 갑자기 생퉁맞게 소변 얘기가 나오면 조금 당황스러울 수 있기 때문에 차라리 돌려서 설명을 하는 것이 더 바람직하다. 그래서 to act inappropriately in order to overcome a crisis situation 정도 또는 stopgap measure라고 하면 이해 한다.

오줌을 과학적인 용어로는 urine이고 어린아이들한테는 우리 말로 '쉬'를 말할 때 wee-wee라고 하고 애들끼리는 pee라고도 한다.

속어로는 piss라고 하는 데 piss는 명사로도 사용되고 동사로도 사용된다. Piss off!라고 명령형으로 쓰면 '꺼져!'라는 뜻이고 He was pissed off.이라고 하면 화났다는 뜻이다.

많은 속어 중 특히 영국식 영어에 많이 사용한다는 것을 알아두면 좋다.

to be full of piss and vinegar 에너지가 넘치다

(참고로, 이 표현은 공식적인 자리에서는 사용하지 않는 것이 좋다.)

He had a good night sleep and now he's full of piss and vinegar.

어제 잠을 잘 잤더니 오늘은 에너지가 넘친다.

to be (out) on the piss 술을 많이 마시다 (영국, 호주식 격의없는 표현)

Friday night all the kids go out on the piss.

금요일 저녁이면 젊은이들은 술 마시러 다닌다.

Go piss up a rope! 꺼져라!

(욕이므로 자신이 직접 사용하지는 말고 이 표현을 듣고 무슨 뜻인지 이해하면 된다.)

Go piss up a rope! Stop nagging!

꺼져라! 바가지 그만 긁어!

to not have a pot to piss in 아주 가난하다

(이 표현 역시 공식적인 자리에서는 사용하지 않는 것이 좋다.)

They don't have a pot to piss in so if there's anything you can do to help them, please do.

너무 가난하니까 도와 줄 수 있는 것 있으면 도와주세요.

to be piss poor 지지리 가난하다 (속어)

They are piss poor.

그들은 지지리도 가난했다.

047

교각살우(矯角殺牛)

… 고이즈미 총리가 집착하고 있는 야스쿠니 신사 참배에 대해서는 일본 내에서도 반대 여론이 높아지고 있으며, 일본의 아시아 외교 실종에 대한 우려의 목소리도 커지고 있다. 보수파 지지세력 결집이라는 정치적 목적 때문이라면 정권은 얻지만 국익을 잃는 '교각살우'의 우를 범할 수 있는 것이다 …

●●● 뜻풀이 소 뿔을 바로 잡으려다 소를 죽임
결점이나 흠을 고치려다 수단이 지나쳐 도리어 일을 그르침

간단하게 overly라는 부사를 사용할 수 있는 경우가 많다. 예를 들어, We shouldn't be overly cautious when setting up new rules. 아니면 Don't overdo it. 또는 Don't go overboard.라는 표현도 사용 할 수 있다. 예를 들어, 파티를 준비하면서 너무 과하게 준비할 때 overdo it 또는 go overboard 라고 쓸 수 있다. 신인배우가 처음 영화 축제에 참석할 때 멋지게 보이고 싶은 마음에서 지나치게 차려 입어 옷이 세련되지 못하고 과할 때 She went overboard.라고 말한다.

아기를 목욕시킨 다음에는 당연히 목욕물을 버려야 하는데 아기를 목욕물과 같이 버리면 곤란하지 않겠는가? 이처럼 좋은 것과 나쁜 것을 모두 없앤다는 뜻의 to throw the baby out with the bath water. 라는 표현을 사용하여 법안이나 규정이 좋지 않을 경우 모두 폐지하는 것보다 그 중에 살릴 수 있는 부분은 살리자는 뜻으로 Don't throw the baby out with the bath water! 라고 할 수 있다.

우리 말 속담 '빈대도 못 잡고 초가삼간 태운다' 도 같은 뜻이다.

048

백의종군(白衣從軍)

… 자신도 학교총장 선거 후보였던 그는 "김 교수가 '백의종군'해서라도 결실을 보고 싶다고 한 말을 마음 찡하게 들었다"고 털어 놓았다 …

●●● 뜻풀이 흰옷(白衣)을 입고 군대(軍)를 따라(從) 전장에 나감. 벼슬 없이 군대를 따라 싸움터에 나감. 흰색의 옷은 서민의 옷을 뜻하거나, 아직 벼슬하지 아니하여 직위가 없는 사람을 뜻한다. 백의(白衣)란 글자 그대로 흰옷 또는 흰옷을 입는 사람이란 뜻인데, 벼슬이나 직위가 없는 서민들이 입는 옷이었기에 서민을 뜻하는 말로 쓰였음

고사의 예

… 이순신 장군은 가는 곳마다 적선을 무찔러 풍전등화 같았던 조선의 운명을 되살렸다. 모함으로 옥고를 치르다 왜군이 침입하자 백의종군하는 몸이 되었다. 장군이 서민이나 입는 흰 옷에 맨머리를 내놓고, 짚신을 신는 것은 매우 치욕스런 일이었으나 출정하여 명량에서 전함 12척으로 왜적 대함대 133척을 무찔렀으며 이것이 그 유명한 명량해전이다.

흰옷을 입고 즉 아무 직책도 없이 전쟁에 임한다는 이 표현을 직역하면 to serve in a war as a foot soldier라고 할 수 있다.

지난 시절의 직책에 연연하지 않고 무엇을 바닥에서부터 새로 다시 시작할 때 to start anew, start again, to start fresh 또는 to start back at square one이라고 할 수 있다.

049

심기일전(心機一轉)

… 참교육을 위한 전국 학부모회 회원들은 서울 세종로 정부종합청사 앞에서 시위를 하며 "진정한 교육자라면 개정 사립학교법에 따라 학교 운영의 투명성을 강화하기 위해 심기일전해야 하는데 학생들을 볼모로 교육권을 침해하는 것은 절대 용서할 수 없는 행위"라고 입을 모았다 …

●●● 뜻풀이 어떤 동기에 의하여 지금까지 품었던 생각과 마음의 자세를 완전히 바꿈

부정적인 뜻으로 to do an about face이라고 할 수 있다.

예를 들어, He agreed with me throughout the meeting and then when it came time to sign, he did an about face. 우리 말로는 180도 달라졌다는 뜻으로 사용할 수 있다.

쉽게는 to change one's mind. I changed my mind 여자의 변덕은 무죄!

하지만 I've decided to turn over a new leaf.라고 하면 죄수들이 옥살이하면서 새로운 마음을 가지면서 바르게 살기로 할 때 to turn over a new leaf 라고 한다. 아니면 집에서 공부 안 하고 말썽만 피우다가 새해부터는 마음을 고쳤다라고 할 때도 쓸 수 있다.

050
자업자득(自業自得)

… 기업으로서 틈새 시장을 파고들어 개발한 상품이 히트를 쳤으니 단기간에 수익을 냈음은 물론 주위 기업들의 부러움을 한 몸에 받았던 것이 사실이다. 하지만 국민의 생명을 담보로 하는 식품에 유해 물질이 들어갔으니 법의 심판을 피할 수 없게 된 것이다. 이는 어찌 보면 기업주의 과욕으로 말미암은 '자업자득'인 것이다 …

••• 뜻풀이 자기가 저지른 일의 과보를 자기 자신이 받음

조금 멋진(?) 표현으로는 to reap the fruits of your actions 즉, '네 행동의 결과를 거두다' 또는 '마땅히 받을 것을 받다'는 뜻의 to get your just deserts 표현을 쓸 수 있다. 그 외에도 일상 생활에서 사용할 수 있는 표현으로 It serves you right. You asked for it. You had it coming.을 들 수 있다.

한편, '네가 돈을 냈으니까 네가 위험부담을 감수해야 한다.'는 뜻으로 You pays your money (and you takes your chances).를 쓸 수 있다. 단, 여기서 주의해야 할 것은 이 문장은 문법적으로 틀린다. You pay your money and you take your chances.라고 해야 문법적으로 맞는 문장이다.

이와 유사한 뜻의 격언을 살펴보자.

성경에 나오는 '뿌린 대로 거둔다'는 As you sow, so you shall reap.이라고 표현하며 또 같은 의미이지만 좀 쉽게 You reap what you sow.라고 표현할 수 있다.

051
역지사지(易地思之)

… 정부는 공공기관의 분산배치를 배제하고 무조건 일괄 이전해야 한다는 대원칙이 지역에서 가능한 일인지 '역지사지'의 입장에서 다시 한번 짚어야 한다 …

••• 뜻풀이 처지를 바꾸어 상대방의 위치에 서서 생각을 함

누구한테 조언을 할 때 '이렇게 해라'라고 명령어로 말을 하면 오히려 역효과가 있을 수 있기 때문에 조금 부드럽게 말을 하기 위해서는 If I were in your shoes...(직역을 하면 '내가 너의 신발을 신고 있더라면' 즉, 내가 너의 입장이라면...)이라는 표현을 쓸 수 있다. 또는 간단하게 if I were you... 라고 해도 괜찮지만 친하지 않은 사이라면 기분 나쁘게 생각할 수도 있으니 주의해서 사용하는 것이 좋다.

성경에 나오는 표현 중 Do unto others as you would have others do unto you. 또는 조금 더 짧게 Do as you would be done by라고 할 수 있다. 이것을 보고 영어로는 the golden rule이라고 한다.

Don't criticize me until you've walked a mile in my shoes! 표현은 '내 신발을 신고 1마일을 걸어보기 전에 나를 비판하지 말아라!' 즉, '내 처지를 당해보기 전에 뭐라고 나무라지 마라'라는 뜻이다.

052

속수무책(束手無策)

… 지난 겨울 미국 동북부를 강타한 강풍으로 시민들이 큰 불편을 겪었다. 한 뉴욕 시민이 우산을 붙잡고 있으나 바람 때문에 '속수무책'이었던 뉴스 장면이 아직도 눈에 생생하다 …

●●● 뜻풀이 손이 묶인 듯이 어찌할 도리가 없이 꼼짝 못함

There's nothing we can do. We are helpless.이라고 쉽게 풀어서 설명할 수 있다. 또는 at one's wit's end라는 숙어도 있다. The police were at their wit's end trying to find clues. 하지만 at one's wit's end는 조금 정신 없는 상황을 말하기 때문에 조심해서 사용해야 한다.

053

오리무중(五里霧中)

… 유엔 사무총장 결정은 사실상 안보리 상임이사국 5개국이 쥐고 있는 것은 누구나 알고 있는 사실이다. 상임이사국 중 1개국만 반대해도 사무총장에 당선되기가 어렵다는 게 지금까지의 관례였기 때문이다. 그러다 보니 지금까지 주로 이집트나 현재는 미얀마라고 불리는 버마 같은 제3세계 국가 출신 인사들이 사무총장을 지냈다. 상임이사국들 중에서도 특히 미국의 의중이 중요하다는 것은 누구도 부인하지 않는다. 하지만 안타깝게도 미국의 방침은 아직까지는 '오리무중'인 것이다 …

●●● 뜻풀이 5리에 걸친 깊은 안개 속, 사물의 행방이나 사태 추이를 예측하기 어려워 갈피를 잡을 수 없음

고사의 예

학자 장패는 그와 사귀기를 원하는 세도가들의 청을 마다하고 고고하게 살다 세상을 떠났으며, 그의 아들 장해 역시 아버지와 마찬가지로 때묻은 자들과 섞이기를 싫어하여 시골로 들어가 숨어 살았다. 장해는 학문만 잘한 것이 아니라, 도술에도 능하여 곧잘 5리에 걸쳐 안개를 만드는 것으로 유명하였다. 당시 관서에 살던 배우(裴優)라는 사람도 도술로 3리에 걸쳐 안개를 만들 수 있었지만, 오리 안개를 배우고자 장해를 찾았으나, 장해는 오리 안개에 자취를 감추고 만나주지 않았다. 이리하여 오리무중이란 말이 생겼다.

아주 일상 대화체로 말하려면 Beats me!라는 속어가 있다. 하지만 이 표현은 친구 사이에만 쓰는 것이 좋고 그렇지 않는 상황에서는 I'm completely lost. I have no idea. I'm in a fog.이라고 하면 적합하다.

a lost soul 길 잃은 영혼

(이 표현은 비유적으로 조금은 정신이 없고 실제로나 비유적으로 갈 길을 잃은 사람을 지칭한다.)

The new student was wandering around the school like a lost soul.
신입생은 길 잃은 영혼처럼 학교를 방황하고 있었다.

054
백지화

… 정부는 2005년 말 서민의 술인 소주의 세율을 72%에서 90%로 올려 연간 3,000억원의 세금을 더 걷을 계획이었다. 하지만 여야 정치권이 "서민에게 부담을 주는 정책"이라며 모두 반대해 소주 세율 인상은 '백지화' 되었다 …

••• 뜻풀이 무효화

모든 것이 원점으로 돌아갔다는 뜻으로 이 경우에 숙어 표현 All bets are off.를 쓸 수 있다. 카지노 등에서 도박을 하다가 뭔가 석연치 않은 낌새가 감지가 될 경우에는(rigging 등) 하우스에서 All bets are off.라고 말한다. 이는 돈을 걸었다고 해도 무효화 한다는 뜻이다.

'무효화'한다는 뜻보다 '새로운 마음으로 다시 시작한다'는 의미로 표현하려면 to start from scratch, to start from square one, to start at the beginning이라고 할 수 있다.

I've been working on this experiment for three months but I think the framework is wrong. I think it'd be better to start from scratch.
내가 이 실험을 3개월 동안 했는데 틀을 잘못 잡은 것 같다. 처음부터 다시 시작하는 것이 좋을 것 같다.

We've been through all the evidence but it's getting us nowhere. OK, let's think this through again. Let's start from square one.
우리가 이 증거물을 모두 검토했다. 하지만 별 다른 진전이 없다. 좋아. 다시 생각해보자. 처음부터 다시 시작해보자.

Wait, wait, I didn't understand a word of what you said. Start at the beginning. 잠깐, 지금 한 말 하나도 못 알아들었어. 처음부터 다시 말해봐.

055

사공이 많으면 배가 산으로 올라간다

… 글로벌 시대를 맞이하여 항공편을 사용하여 여행하는 사람들 수의 지속적인 증가로 안전 운항에 대한 관심이 커지고 있다. 항공 운항을 책임지는 기장은 아무리 권위가 있더라도 부조종사와 다른 승무원들의 도움 없이는 한시도 안전 비행을 할 수 없다. 당연 지위보다는 서로의 의견을 자유롭게 교환하는 민주적인 팀워크를 필요로 한다. 그렇다고 기장의 권위가 부정되면 '사공이 많으면 배가 산으로 올라간다'는 속담처럼 되고 만다 …

••• 뜻풀이 관여하는 사람들이 많으면 일이 엉뚱한 방향으로 가기 쉽다

이 격언을 직역하면 Too many ferrymen and the boat will go up a mountain. 외국인들도 쉽게 뜻을 이해하며 재미있어 할 것이다.

영어로도 이 격언에 딱 맞아떨어지는 격언이 있다. Too many cooks spoil the broth.이며, There is safety in numbers.은 반대의 뜻을 가진 표현이다.

또 비슷한 표현으로 '추장은 너무 많은데 인디언들은 충분하지 못하다.'는 뜻으로 There are too many chiefs and not enough Indians가 있다. 풀이하면 일할 사람 혹은 아래 사람은 없고 윗사람 또는 장이 너무 많다는 뜻이다.

우리말로도 '빈대 낀다'라는 말이 있듯이 영어로도 Two's company, three's a crowd. 즉, '둘이 있으면 즐겁지만 셋이 있으면 비좁다.'는 뜻이다.

056
불모지대(不毛地帶)

… 한국 영화 붐에 이어 뮤지컬이 전성시대를 맞고 있다. 지난해 뮤지컬 관람객은 270만 명을 기록해 큰 호황을 누렸다. 뮤지컬의 '빅뱅'은 몇 년 사이 단숨에 이뤄진 것이라 더 놀랍다. 솔직히 한국은 뮤지컬의 '불모지대'였으며 뮤지컬이 거의 공연되지 않았을 뿐아니라 그 수준도 낮았다 …

●●● 뜻풀이 땅이 메말라 농작물이 자라지 않는 일, 또는 그런 땅

땅이 비옥하지 못하고 별 다른 농작물이 자라지 못할 때는 The land is barren. 또는 사람이나 동물한테 쓰는 것처럼 infertile land라고 할 수 있다. 긍정적인 뜻으로는 virgin territory 즉, 아무도 손 대지 않은 땅으로 쓸 수 있다. 아무도 밟지 않는 땅을 보고 untrodden territory를 비유적으로도 쓸 수 있다.

예를 들어, Until the early 1990s, China was untrodden territory for many exporters. (90년대 초까지만 하더라도 중국은 많은 수출업자들한테는 불모지대나 다름 없었다.)

057

고군분투(孤軍奮鬪)

…광고 속에 등장하는 주인공 체스터는 치타의 일종인 데 오직 치토스를 먹겠다는 일념으로 이리 뛰고 저리 뛰며 '고군분투'한다…

••• 뜻풀이 수가 적고 후원이 없는 외로운 군대가, 힘에 겨운 적과 용감하게 싸움
적은 인원의 힘으로, 도움도 받지 않고 힘겨운 일을 그악스럽게 해냄

홀로 싸운다는 뜻의 to fight a solitary battle 또는 to fight a lonely battle이라는 표현이 있다. 힘겨운 싸움일 경우에는 to fight an uphill battle도 있다.

'소용 없는 헛수고'라는 뜻으로 말하고 싶을 때는 그리스 신화에 나오는 시지프스 얘기도 있다. Sisyphus는 신들을 거역했기 때문에 그 벌로 커다란 바위를 언덕 위까지 밀고 절정에 달하면 그 바위가 다시 언덕 밑으로 떨어지기 때문에 평생 그럴 수밖에 없는 행동이었다. 그러므로 의미 없고 끝이 없는 일을 보고 Sisyphean이라고 한다.

불리한 싸움을 할 때는 성경에 나오는 다윗과 골리앗의 싸움을 비유적으로 말한다.

He was like David against Corporate America.
그는 주식회사 미국과 싸우는 다윗과 같았다.

유사한 내용의 격언들을 살펴보자.

When you come to the end of your rope, tie a knot and hang on. (루즈벨트 미대통령) 밧줄 끝에 도달하려면 묶고 견뎌야 한다.

to come to the end of your rope 더 이상 희망도 없고 지쳤을 때

이와 관련된 격언들을 살펴보자.

He conquers who endures. 견디는 자가 정복한다.

It's not that I'm so smart, it's just that I stay with problems longer. (아인슈타인) 내가 머리가 좋은 것이 아니라 문제를 더 오래 붙잡고 씨름을 한 것뿐이다.

058

구사일생(九死一生)

… 이날 방송에는 가족들을 나치 대학살로 잃고 '구사일생'으로 살아났던 그의 생애가 다큐멘터리로 방영되어 많은 사람들의 공감을 자아냈다 …

●●● 뜻풀이 여러 차례 죽을 고비를 겪고 겨우 살아남

헐리우드 영화를 보면 주인공들은 대부분 위험한 상황에서 아슬아슬하게 살아 남는다. 그럴 때 Whew! That was a close shave! 또는 That was a narrow escape.라고 하면 바로 구사일생이라는 뜻이다. 관용구 중에 to escape by the skin of one's teeth 라는 표현이 있는데 이에는 피부가 없으니까 얼마나 아슬아슬했는지 알 수 있으며, a hairbreadth escape 라는 표현도 '머리카락 틈으로 탈출하다'는 뜻이니 얼마나 아슬아슬하게 살아 남았는지 알 수 있다.

후라이팬을 피해 불 속으로 뛰어들다라는 격언이 있다. Out of the frying pan, into the fire. 즉, '어려운 상황에서 빠져 나와서 더 어려운 상황에 처하다'는 뜻이 된다.

'두 마리 토끼를 좇으면 둘 다 놓친다'는 우리 격언과 같은 영어 표현도 있다. If you chase two rabbits, both will escape.

059
비 온 뒤에 땅이 더 굳어진다

… '비 온 뒤에 땅이 더 굳어진다'고, 한국과 일본의 관계는 그 동안의 긴장 관계에서 벗어나 새로운 발전을 하기를 바란다 …

●●● 뜻풀이 어려운 일이 있은 후 관계가 더 좋아진다

태풍이 지난 다음에는 평온이 온다는 뜻으로 After the storm comes the calm.이라는 속담이 있다.

하지만 뒤집어서 the calm before the storm 이라는 표현도 있다. 이건 다시 말해 폭풍이 몰아치기 전에 불안하게 조용한 것을 말한다.

The days before school starts again are just the calm before the storm.

개학하기 전에 며칠은 폭풍이 몰아치기 전의 며칠이라고 보면 된다.

Calm과 관련한 표현들을 살펴보자.

Calm down! 진정해!

Calm, cool and collected (차분하고, 진정하고, 침착하고)는 굳어진 표현 cliché이긴 하지만 몹시 화가 난 다음에 '나 괜찮아. 나 이제 차분하고, 침착해'라는 뜻으로 I'm OK now. I'm calm, cool and collected.라고 한다. 세 개의 형용사 중 calm 또는 cool은 같이 또는 따로 독립적으로도 쓸 수 있지만 collected는 따로 쓸 수 없다. 다시 말해, I'm collected라고 말하면 무슨 뜻인지 이해를 못 한다.

060

진퇴양난(進退兩難)

… 건교부 고위 관계자는 "그 동안 핵 폭탄 급 대책을 내놓아도 안 먹히는데, 무슨 새로운 대책을 내놓아야 실효가 있을지…"라며 난감해 했다. 정부가 '재건축 딜레마'에 빠진 것이다. 지난 3년간 내놓은 각종 규제책에도 불구하고 강남 집값이 다시 상승하자, '진퇴양난'의 상황에 처한 것이다 …

••• 뜻풀이 나아가는 것도 어렵고 물러나는 것도 어렵다는 뜻으로, 매우 난처한 처지에 놓여 있음

'곤경에 처해 있다'는 쉬운 표현으로 to be in a dilemma, to be in a fix라고 할 수 있다. 또는 '바위와 딱딱한 곳 사이'라는 뜻의 between a rock and a hard place'와 '사탄과 깊고 푸른 바다 사이' 라는 뜻의 between the devil and the deep blue sea 라는 재미 있는 표현도 있다.

Dilemma에 빠져 있으면 앞으로 나갈 수도 없고 뒤로도 후퇴할 수 없기에 즉, '두 개의 선택은 있지만 둘 다 받아들이기 힘든 것'이라는 뜻으로 the horns of a dilemma(딜레마의 뿔)이라고도 한다.

061

시행착오(施行錯誤)

… 프로젝트를 이끌었던 김대표는 그 동안의 고충을 털어놓으며, 참고할 자료도 마땅치 않은 상황에서 시스템을 개발하느라 2년간 수많은 '시행착오'를 겪었다고 술회했다…

●●● 뜻풀이 어떤 목표나 과제를 해결할 때까지 여러 가지의 시행과 실패를 되풀이하면서 추구하는 일

여러 번 되풀이 해가며 자신의 방식을 찾아야 한다는 얘기를 많이 한다. 즉, 시행착오의 과정 trial and error 또는 a process of trial and error를 겪어야 한다는 뜻이다.

시행착오와 관련된 격언을 살펴보자.

If at first you don't succeed, try, try again.
처음에 성공을 하지 못하면 될 때까지 노력해라.

Don't try to walk before you can crawl.
기기 전에 걷지 말아라.

관련된 관용구를 살펴보자.

Change tack. 방법을 바꿔라.

You've always waited for him to take the initiative. Why don't you change tack and take the initiative?

넌 항상 그가 이니셔티브를 취하기를 기다렸는데 방법을 바꿔서 네가 먼저 이니셔티브를 취해보지 그래.

Try와 관련된 관용구를 살펴보자.

to try something for size 사용할 수 있을지 확인하기 위해 실험해보는 것

Why don't you try it for size and if your children like it, then decide.

일단은 한 번 써 보고 아이들이 좋아하면 그 때 결정하세요.

to try your hand at something 무엇을 한 번 해보는 것

I think I'll try my hand at Thai cooking.

태국음식 한 번 만들어 볼까 한다.

to try your luck 성공할 수 있을지 확실하지 않으면서 시도 해보는 것

Rain went to the U.S. to try his luck in the U.S. music market.

비가 미국 음악시장에서 성공해보려고 미국으로 갔다.

to try your wings 새로 배운 것을 해보는 것

I think it's best to try your wings driving on a Sunday when there aren't many cars around.

차가 많지 않은 일요일에 새로 배운 운전을 해보는 것이 좋을 것 같다.

062
설상가상(雪上加霜)

… 더구나 최근의 원화 강세는 예년과 달리 엔화 약세와 동시에 진행돼 일본과 치열한 각축전을 벌이고 있는 해외시장에서 현대 · 기아차의 가격 경쟁력을 떨어뜨리고 있다. '설상가상'으로 연일 치솟는 국제 유가와 원자재가격도 수익성을 갉아먹고 있는 악재이다 …

●●● 뜻풀이 '어려운 일이 연거푸 일어남'을 비유하여 이르는 말

좋지 않은 일이 계속 일어나는 상황을 '사태가 악화되려니' 즉, to make matters worse라고 표현해도 괜찮다. 격언 중에 It never rains but it pours. '비가 올 때는 조금 오는 것이 아니고 쏟아진다'. 즉, '나쁜 일은 대개 함께 몰아서 오기 마련이다.'라는 표현은 우리 표현과 같은 뜻이다.

또는 Out of the frying pan, into the fire. '후라이팬에서 뛰쳐 나와 불 속으로 뛰어 들다.' Misfortunes never come alone. '불행은 혼자 오지 않는다.'

Worse와 관련된 관용구들을 살펴보자.

one's bark is worse than one's bite 행동보다 말이 더 무서운 것

My boss always scolds me but his bark is worse than his bite.

우리 상사가 나를 야단치지만 행동보다 말이 더 무서운 사람이야.

to go from bad to worse 악화되다

I'm really worried about Tom. His behavior has gone from bad to worse.

톰 때문에 걱정이다. 그의 행동이 점점 악화되고 있다.

to be worse for wear 사용해서 낡아진 것

None과 같이 사용하여 None the worse for wear 하면 '오래된 것이지만 새것처럼 보인다'는 뜻이다.

Your favorite slippers look none the worse for wear.

네가 제일 좋아하는 슬리퍼인데 그다지 낡아 보이지 않는다.

유사한 뜻을 가진 격언들을 살펴보자.

If you're going through hell, keep going.

지옥을 통과하고 있으면 계속 가라.

to go through hell이라는 표현은 '어려움을 겪다' 라는 뜻인데 직역을 하면 '지옥을 통과하다'는 뜻이다.

Bad is never good until worse happens. (덴마크 속담)

더 나쁜 일이 생길 때까지는 나쁜 일을 좋다고 할 수 없다.

It just wouldn't be a picnic without the ants.

개미 없이는 소풍이 아니다. 즉, 즐겁고 좋은 일만 있을 수는 없고 소풍가면 개미가 있듯이 조금 안 좋은 일도 있어야 좋다는 것을 알 수 있다.

063

청천벽력(靑天霹靂)

… 휴대전화 요금 때문에 자살한 중학생의 아버지 강씨는 트럭 운전기사인데 컨테이너를 서울에서 부산으로 싣고 가 항구에 내려놓다가 '청천벽력' 같은 소식을 접했다고 한다 …

●●● 뜻풀이 직역하면 '맑게 갠 하늘에서 치는 벼락'이란 뜻
'뜻밖의 큰 변'을 비유하여 이르는 말

쉽게 표현하기 위해 그냥 '상당히 놀라운 소식이었다' It was shocking news.라고 해도 좋지만 다행히 영어에도 똑같은 표현이 있다.

It was a bolt from the blue. 여기서 bolt는 thunderbolt이라는 뜻이고, blue는 blue sky라는 뜻이다.

064
가랑비에 옷 젖는 줄 모른다

… '가랑비에 옷 젖는 줄 모른다'란 속담이 있다. 당장은 몇 백원에서 몇 천원하는 수수료만 일년 동안 고정적으로 지출한다면 나중에 무시 못할 금액의 지출을 확인할 수가 있을 것이다 …

●●● 뜻풀이 아무리 사소한 것도 모이다 보면 결정적인 원인이 된다.

직역해서 그대로 '가랑비에 옷 젖는 줄 모른다' In a drizzle, it's hard to tell if your clothes get wet.라고 할 수 있다.

하지만 이와 유사한 영어속담이 있다.

Many a little makes a mickle.

조금씩이라도 계속 쌓이면 많아진다.

여기서 mickle은 많다는 뜻인데 이 속담 외에는 거의 안 쓰이는 단어인 점에 주의해야 한다. 앞에서 보았던 '티끌 모아 태산'과 거의 비슷한 표현이나 부정적인 얘기를 할 때 쓰인다.

Many drops make a flood.

많은 물방울들이 모여 결국 홍수에 이른다.

065

혹 떼려다 혹 붙인다

… 불법 파업이라는 강경 투쟁으로 노조원들의 희생도 컸다. 철도공사측은 예고한 대로 업무 복귀를 거부한 노조원들을 직위 해제한 데 이어 복귀 명령을 따르지 않은 노조원들을 징계절차를 밟았다. 해고자 전원 복직을 내걸고 파업에 임한 노조로서는 '혹을 떼려다 혹을 붙인' 꼴이 된 것이다 …

●●● 뜻풀이 어려운 상황을 모면하려다 오히려 더 나쁜 결과를 초래하다

돈키호테를 쓴 스페인 작가 세르반테스가 한 명언 Many go out for wool and come home shorn. 즉, '양모를 사러 나가서 털이 깎인 채로 돌아오다.'라는 표현이 우리 한국어 표현과 딱 맞아떨어진다.

같은 뜻을 쉬운 영어로 표현하자면 to make matters worse라고 해도 좋다.

Wool과 관련된 관용구들을 살펴보자.

dyed-in-the-wool 고집 있고 강한 의견을 가진

Even though the government has changed, my father will remain a dyed-in-the-wool conservative.

정부가 바뀌었는데도 나의 아버지는 골수 보수주의자로 남을 것이다.

to pull the wool over someone's eyes 속이다

Don't try to pull the wool over my eyes. I know what you're trying to do. 날 속이려고 하지마. 뭘 하고 있는지 다 알아.

066

천신만고(千辛萬苦)

… 뮤지컬 '요덕 스토리'에 관객이 밀려들고 있다. 지난 주말에는 입장권이 매진됐고 평일 예매율도 70%를 넘는다. '천신만고' 끝에 무대에 오른 지 10여일 만의 극장 앞 풍경이다. 처음엔 실향민을 비롯한 중.노년층이 좌석을 메웠으나 지금은 초 · 중 · 고생과 대학생, 직장인으로 폭이 넓어지고, 멀리 지방에서 일부러 올라오는 관객도 많다 …

••• 뜻풀이 마음과 몸을 온 가지로 수고롭게 하고 애씀

'고생한다'는 말은 실로 많이 쓰이는 표현이다. '수고하세요', 또는 '고생이 많으십니다'라는 인사말을 영어로 직역해 Work hard라고 하면서 헤어진다면 욕을 했다고 생각하거나 아니면 '저 사람이 내가 열심히 안 한다고 생각하나?'하고 다소 의아하게 생각한다.

'고생한다' 또는 유사한 '수고가 많다' 등 단어들을 우리는 쉽게 쓰는 반면 영어로는 사용 빈도가 높지 않다. '고생' '수고'는 hardship, privation, arduous labor, hard work로 표현할 수 있다.

성경에서 예수의 고난을 언급할 때는 trials and tribulations 라는 표현을 쓴다.

어려운 상황과 관련된 격언을 살펴보자.

If you break your neck, if you have nothing to eat, if your house is on fire, then you got a problem. Everything else is inconvenience.

목뼈가 부러졌으면, 먹을 게 없다면, 집에 불이 났으면, 그럼 문제가 있는 것이고 그 외에 다른 것은 모두 불편한 것일 뿐이다.

We have no right to ask when sorrow comes, "Why did this happen to me?" unless we ask the same question for every moment of happiness that comes our way.

슬픈 일이 있을 때 '왜 이런 일이 나에게 일어났을까?'라고 질문을 하면 행복한 순간마다 똑같은 질문을 해야만 한다.

I know God will not give me anything I can't handle. I just wish that He didn't trust me so much. (테레사 수녀)

하느님은 내가 감당할 수 있는 일만 나한테 주신다. 하지만 나를 너무 믿지 않으셨으면 좋겠다.

The only thing that overcomes hard luck is hard work.

불운을 극복할 수 있게 해주는 유일한 것은 일을 열심히 하는 것이다.

067
풍전등화(風前燈火)

… 1886년 6월 4일 즉 120년 전 한불 수교 당시를 돌아보건대 오랜 역사를 가졌으면서도 세계의 변화를 도외시한 채 안으로만 함몰하며 개방 · 개혁을 거부해 국운이 '풍전등화'와 같았던 조선과 당시 세계 최강국의 하나였던 프랑스, 이 두 나라간 국력의 차이는 비교가 되지 않을 정도로 컸었다 …

••• 뜻풀이 바람 앞의 등불.
망이 달린 매우 위급한 처지를 비유하는 표현

'풍전등화'를 직역하면 바람 앞의 등불 a light before the wind/ a candle flickering in the wind 이다. 영국 가수 Elton John의 유명한 노래 중 Candle in the wind가 있는데 Marilyn Monroe의 인생을 묘사한 노래이다.

풍전등화같이 위태롭다라는 표현으로 to be as dangerous as sitting on a barrel of gunpowder/ be in an extremely precarious position이라고 할 수 있다. 그의 운명은 풍전등화와 같다 His fate hangs in the balance. 또는 His fate hangs by a thread.

Candle과 관련된 관용어를 살펴보자.

to hold a candle to someone/something ~와 비교되다

Even the best baseball players of today cannot hold a candle to Babe Ruth. 오늘의 최고의 야구선수들도 베이브 루스와 비교가 안 된다. 이 표현은 부정적인 의미로 사용되는 것에 주의해야 한다.

to burn the candle at both ends
밤늦게까지 일 하느라고 잠을 제대로 못 자는 것

She's been burning the candle at both ends studying for her finals.
그녀는 기말고사 공부를 하느라 밤늦게까지 공부했다.

068

산전수전(山戰水戰)

… 지금은 누구나 이름 석자만 들어도 아는 사람이 되었지만 '산전수전' 다 겪은 경험 많고 노련한 그는 때로는 분명한 색깔을 감추지 않았다 …

••• 뜻풀이 산에서 싸워보고 물에서도 싸워 본, 즉 모든 것을 다 겪은

이 경우 I've seen it all.(모든 것을 다 보았다.)라고 할 수 있고 배우자나 충직한 친구를 지칭하면서 He's been with me through thick and thin.이라고 하면 좋을 때나 어려울 때나 늘 내 곁에 있었다라는 뜻이다.

여기서 잠깐 thick와 관련된 표현을 살펴보자.

He's thick.은 바보라는 뜻 즉, 이해가 느린 사람을 가리킨다. Thick-headed도 머리에 뇌보다 뼈가 많기 때문에 바보라는 뜻이다. He's thick-skinned라고 하면 어떤 비판을 하더라도 아무렇지도 않게 받아드린다는 뜻이며, 반면 He's thin-skinned라고 하면 비판을 조금만 해도 쉽게 화를 낸다는 뜻이다. 참고로, You're walking on thin ice.라고 하면 위태위태하다는 뜻이다.

in the thick of it 제일 어려운 부분이나 상황에 관여하다

The treasurer of the company was in the thick of its illegal activities.

회사의 재무담당자가 회사의 불법행위에 깊이 관여하고 있었다.

as thick as thieves 아주 친한

Despite our age difference, we're as thick as thieves.

나이 차이에도 불구하고 우리는 상당히 친하다.

069

첫 단추를 잘못 끼우다

… 핵심 부서의 장을 임명할 때 능력이 있고 친화력이 뛰어난 사람을 발령했어야 하는데 인정에 이끌려 자신 당선에 기여한 사람을 임명했으니 '첫 단추가 잘못끼워져' 그 회사의 앞 날은 어둡다는 얘기가 도는 것이다 …

●●● 뜻풀이 시작이 잘못되었다

'시작을 잘 해야 한다'는 뜻으로 You have to start off on the right foot.라고 긍정문으로 쓸 수 있지만 실은 부정문으로 많이 사용한다. 예를 들어, I know that we started off on the wrong foot. Could we start all over? 우리 첫 단추를 잘못 끼웠는데 다시 시작해도 될까요?

Foot과 관련된 관용구들을 살펴보자.

The boot is on the other foot. 상황이 역전되었거나 입장이 바뀌었을 때

to foot the bill 지불하다

You're going to have to foot the bill for the repairs.
수리비를 모두 지불해야 할거다.

to have one foot in the grave 곧 죽을 것 같은 (속어)

He says he's got one foot in the grave but he's as healthy as a horse!
그는 자신이 곧 죽을 거라고 말하지만 매우 건강하다.

to have/keep a foot in both camps 양다리 걸치다

He says he's made up his mind, but he still keeps a foot in both camps.

그는 이제 결정했다고 하지만 실은 아직 양다리 걸치고 있다.

to put your best foot forward 최선을 다 하다

Put your best foot forward. Nobody could ask for more.

최선을 다 해라. 그것보다 더 바랄 것이 없다.

to put your foot down 강하게 말을 하다

With kids, sometimes you have to put your foot down.

애들하고는 때에 따라 강하게 말을 해야 한다.

070
첫 술에 배부르랴

… 삼성의 이번 결단은 삼성에 대한 국민의 희망 수위를 한 단계 높였다고 볼 수 있다. 물론 '첫 술에 배부를 수는 없는 법'이다. 우리는 삼성이 진정 변하려는 모습을 보이길 바랄 뿐이다 …

●●● 뜻풀이 처음부터 큰 것을 이룰 수는 없다

이와 관련된 재미 있는 격언들이 있다.

Little drops make the mighty ocean.
작은 물방울이 거대한 대양을 만든다.

Rome wasn't built in a day.
로마는 하루에 이루어진 것이 아니다.

The way to eat an elephant is one bite at a time.
코끼리를 먹는 방법은 한 번에 한 입 식이다.

071
화룡점정(畵龍點睛)

… 한국은 이번 동계 올림픽에서 연속 쾌거를 거두었다. 23일에는 쇼트트랙 여자 3,000m 계주에서 금메달을 추가하고 폐회를 하루 앞둔 26일에는 쇼트트랙 남자 5,000m 계주에서 금메달로 '화룡점정'을 할 것으로 보인다 …

●●● 뜻풀이 용을 그릴 때 마지막에 눈을 그려 완성시킨다는 뜻
'가장 요긴한 부분을 마치어 일을 끝냄'을 이르는 말

'가장 중요한 부분을 마쳐 일을 마무리한다'는 여러 가지로 표현할 수 있다.

the finishing stroke /touch,
final achievement 또는 ultimate accomplishment,
the crowning touch 도 적합한 표현들이다.

Winning the 5000m relay will be the crowning touch for the Korean team. 5천 미터 계주 승리는 한국 선수들에게는 화룡점정이었다.

The Nobel Peace Prize was the ultimate accomplishment in Nelson Mandela's long struggle for democracy.
넬슨 만델라에게 노벨평화상 수상은 민주주의를 위한 오랜 투쟁의 화룡점정이었다.

Accomplishment에 관한 격언들을 살펴보자.

Sweat is the cologne of accomplishment. 땀은 성공의 향수이다.

The supreme accomplishment is to blur the line between work and play.
최고의 성과는 일과 여가의 경계를 모호하게 하는 것이다.

072
파죽지세(破竹之勢)

… 사극 흥행기록을 경신한 영화 '왕의 남자'가 개봉 3주차인 15일까지 전국 475만2천명(388개 스크린)을 모으며 '파죽지세'로 달려가고 있다 …

●●● 뜻풀이 대나무를 쪼갤 때의 맹렬한 기세

지금 우리 군사들의 사기는 하늘을 찌르듯이 높다. 그것은 마치 '대나무를 쪼갤 때의 맹렬한 기세'와 같다. 대나무란 일단 쪼개지기만 하면 그 다음부터는 칼날을 대기만 해도 저절로 쪼개지는 법인데, 어찌 이런 절호의 기회를 놓칠 수 있단 말인가.

Nothing can stand in the way of ~라는 표현이 있다. 위의 예문에 나온 것처럼 Nothing can stand in the way of 'The King's Man'.이라고 하면 그 무엇도 '왕의 남자'를 막을 수 없다는 뜻이다.

군대의 경우에는 The troops advanced unopposed. 병사들은 앞으로 거칠 것이 없이 나아갔다.

또는 홍수와 같은 자연 재해가 있을 때에는 The floods swept away everything in its way. 홍수가 파죽지세로 쓸고 나아갔다라고 하면 적절한 표현이다.

073

금과옥조(金科玉條)

… 인권위원회의 문제는 자기가 필요하면 유엔 결의를 '금과옥조'로 내세우면서 북한 인권에 관해서는 유엔 결의를 모두 외면하고 전 세계 언론이 악법으로 평가하는 신문법에 침묵하는 건 어찌 보면 정치적으로 한쪽에 치우친 경향을 보여주고 있는 것이다 …

••• 뜻풀이 소중히 여기고 꼭 지켜야 할 법률

우리가 '금과옥조'를 찾으면 사전에 **golden rule**라고 나온다. 하지만 미국 사람한테 What's the golden rule?이라고 물으면 Do unto others as you would have them do unto you.(네가 대우받고 싶은 대로 남을 대하라.)라고 답변할 것이다. 이 것은 성경 구절이다.

그 대신 무엇을 무조건적으로 믿을 때는 to believe in something blindly 라고 하고, 사람을 따를 때는 to follow somebody blindly 아무런 생각 없이 따르는 것이기 때문에 약간 부정적인 뉘앙스가 있는 표현이라고 봐야 한다.

어떤 규칙·규정을 열심히 지킬 때는 to follow something faithfully/religiously이라고 할 수 있다. 예를 들어, It's no wonder she lost weight. She followed the diet program religiously! '당연히 살이 빠지지! 그렇게 철저하게 다이어트 프로그램을 따라 했는데!'

074
거두절미(去頭截尾)

… 성직자도 성경해석에 있어서 성서의 기본 정신인 사랑에 초점을 맞추어 해석해야지 '거두절미'하고 어느 한 구절만 인용하려 한다면 세상만사 선한 일이든 악한 일이든 다 합리화시킬 수 있다 …

●●● 뜻풀이 머리와 꼬리를 잘라 버린다는 말로서 요점만을 남기고 앞뒤의 사설을 빼어 버림

직역을 한다면 to cut the head and tail. 하지만 영어로도 이와 비슷한 여러 표현들이 있다.

To cut to the chase, 또는 (Stop beating around the bush and) get to the point 또는 to be brief가 모두 '거두절미하고 요점으로 들어간다'는 뜻이다.

예를 들어,

Why don't you cut to the chase and just tell me how much you want?
거두절미하고 그냥 얼마를 원하는지 말하지 그래.

Stop beating around the bush and get to the point. Do you want me to go or not? 거두절미하고 직접적으로 말해. 내가 가길 원해?

To be brief, our company will lose money unless we sell off some plants.
거두절미하게 말하자면, 공장 몇 개를 처분하지 않으면 우리 회사가 손해를 보게 될 것이다.

격언 중,

Brevity is the soul of wit. 간결은 재치의 정수이다
셰익스피어의 '햄릿'에 나오는 표현으로 말은 간결해야 한다.

075
금상첨화(錦上添花)

… 같은 값이면 다홍치마라고 투어 비용은 저렴하면서 내용이 좋은 여행 상품이라면 수요자들 입장에서는 '금상첨화'다 …

●●● 뜻풀이 좋은 일이 겹침

'금상첨화'를 직역을 하면 adding flowers to the embroidery라고 할 수 있지만 그냥 간단하게 to make even more beautiful이라 할 수 있다.

누구나 다 케이크를 좋아하는데 케이크 위의 장식 icing은 보너스로 느껴지기 때문에 That's icing on the cake!이라고 하면 덤으로 더 받는 느낌이다.

예를 들어,

The university has accepted me. And they've also decided to give me a scholarship! Wow! That's icing on the cake!

대학에 합격했고 게다가 장학금도 주기로 했다. 와! 금상첨화네!

076

금의환향(錦衣還鄕)

… 한국에서 환영 받지 못하는 혼혈로 태어난 후 미국에 건너가 갖은 고생 끝에 미국 최대의 프로풋볼 스타가 된 하인스 워드가 얼마 전 고국인 서울에 당당히 입성했다. 말 그대로 '금의환향'을 한 것이다 …

●●● 뜻풀이 성공하여 고향으로 돌아옴

'금의환향'을 풀어서 설명하면 to come home in glory이다. 예를 들어, '금의환향에 돌아오는 그를 마을 전체가 환영할 준비가 되어있다'를 He came home in full glory and the village was ready to welcome him.이라고 표현할 수 있다.

To make good이라는 표현을 쓰려면 '성공하다'는 뜻을 포함하고 있어 좋지만 '고향으로 돌아오다' 라는 표현을 추가해야 '금의환향'이라는 뜻이 된다.

He was happy to be able to return to his home village after making good.
그는 성공한 후 고향으로 돌아 갈 수 있어 기뻤다.

077
새옹지마(塞翁之馬)

… 초특급 스타 배우도, 스타 감독도, 남북 문제를 통한 민족감정 자극과 같은 흥행성 주제를 다룬 것도 아닌 '왕의 남자'가 초대형블록버스터가 된 기적 같은 사건의 중심에는 이준익 감독이 있었기 때문이라고 생각한다. 이 감독의 다음과 같은 말을 귀담아 들을 필요가 있다. "내일 모레면 내 나이 쉰이오. 이 나이에 뭘 놀라겠어? 다 '새옹지마'야. 다음 영화 잘 안 되면 '왕의 남자'는 소 뒷걸음질 치다 쥐잡은 격이라고 또 비난할 거 아냐 …

●●● 뜻풀이 세상사가 자주 변하기 때문에 행복과 불행이 언제 어떻게 바뀔지 모른다는 뜻

이와 유사한 뜻을 가진 격언으로 a blessing in disguise '변장을 한 축복'이 있고, 또는 Every cloud has a silver lining. 즉, 구름마다 은색 줄이 있다는 뜻이다.

그렇다면 축복 blessing과 관련된 표현들을 살펴보자.

to count your blessings 인생에서의 나쁜 일보다 좋은 일들을 생각해라

Count your blessings! Your family is healthy and you don't have money problems. 그래도 좋은 일도 있지 않니! 가족도 건강하고 돈 걱정 없지 않아.

a mixed blessing 좋은 일이지만 나쁜 면도 있는 일

I got a raise but it's a mixed blessing since I have to pay more taxes. 월급은 인상됐지만 세금을 더 내야 하니까 나쁜 점도 있어.

078

일파만파(一波萬波)

… NSC 내부에 유출자가 있는 것으로 확인되면 외교 · 안보분야 컨트롤 타워의 보안에 구멍이 뚫렸다는 것을 의미하는 것이어서 파장이 '일파만파'로 번질 것으로 예상 된다 …

●●● 뜻풀이 일의 여파가 계속됨

'파장이 확대된다'는 뜻으로 to have a ripple effect라고 하면 제일 적합하다. 여기서 ripple은 잔물결을 뜻하기 때문에 그 여파가 계속된다는 뜻이다.

079
티끌 모아 태산

… 어렸을 때부터 '티끌 모아 태산'이란 말을 자주 듣고 자랐다. 먹고 살기 어려운 시기였기에 무엇이라도 모아야 한다는 뜻에서 주위 어른들이 절약하라는 귀가 닳도록 해 준 말이다 …

••• 뜻풀이 작은 것이 모여 큰 것이 된다

격언 중에 '운' rhyme이 맞아서 사용하는 경우가 있다. 다음 격언이 그런 경우이다. Many a little makes a nickel. 즉, 조금씩 많아지면 5센트가 된다. 참고로, 5센트는 약 50원이라서 아주 적은 액수이다.

이와는 반대 뜻으로 별 것 아닌데 과장되게 말한다는 뜻으로 to make a mountain out of a molehill 즉, 두더지가 파 놓은 흙 두둑을 보고 산이라고 한다.

A penny saved is a penny earned. 1센트 절약하면 1센트 번 것과 같다.

작은 돈 얘기가 나왔으니 penny가 들어 간 관용구들을 살펴보자.

a pretty penny 상당한 액수

I paid a pretty penny for that dress and now it's ruined!

나 그 옷을 비싸게 주고 샀는데 이제 다 망쳤네!

penny wise and pound foolish 작은 일은 신경 쓰며 큰 일은 손해본다.

He didn't go to see a doctor when he had a cold and now he has pneumonia. He's a penny wise and pound foolish.

감기 걸렸을 때 병원에 안 가더니 이젠 폐렴에 걸렸어. 일이 더 커졌네.

penny pincher/penny pinching 일 전도 낭비 안 하는 사람, 행동

I've been pinching pennies so that I can buy a new computer.

새 컴퓨터를 사려고 한 푼도 낭비 안 하고 있어.

080

동상이몽(同床異夢 or 同牀異夢)

… 남북한간 군사적 신뢰 구축과 관련해서 말하자면 남북이 따로 그림을 그리는 상황 즉, '동상이몽'이다 …

●●● 뜻풀이 같은 잠자리에서 다른 꿈을 꾼다는 뜻.
겉으로는 같은 행동을 하면서도 속으로는 각각 딴생각을 함을 이르는 말.

'동상이몽'을 직역하면 Dreaming different dreams while in the same bed 즉 '같은 잠자리에 누어 서로 다른 꿈을 꾼다'이지만 풀어서 Acting the same way but with different objectives in mind. 즉 '같은 행동을 하지만 속으로는 다른 목적을 갖고 있다'라고 표현할 수 있다.

꿈 얘기가 나왔으니 dream이 들어간 표현들을 살펴보자.

Dreams are today's answers to tomorrow's questions.
꿈이란 내일의 질문에 대한 오늘의 대답이다.

The best reason for having dreams is that in dreams no reasons are necessary.
꿈을 갖는 제일 좋은 이유는 꿈에는 이유가 필요 없기 때문이다.

A dream which is not interpreted is like a letter which is not read.
해석을 안 하는 꿈은 읽지 않은 편지와 같다.

081

아니 땐 굴뚝에 연기 날까

… 우유 값을 안 올리겠다고 하였지만 제반 비용이 계속 석 달째 오르고 있는 상황을 감안할 때 우유 값 인상은 '아니 땐 굴뚝에 연기 나겠느냐'면서 소비자들의 불만이 감지되고 있다 …

●●● 뜻풀이 그럴 것이다

우리 말에서는 부정문으로 표현이 되지만 영어로는 긍정문으로 표현이 된다. 즉, '연기가 있으면 불이 있다' Where there's smoke, there's fire.

이와 같이 구성된 문장들을 몇 개 살펴보자.

Where there's a will, there's a way. 의지가 있으면 방법이 있다.

Where there's muck, there's brass.
남들이 하기 싫은 일에 돈이 있다. 영국식 표현으로 여기서 muck는 쓰레기, 오물의 뜻이고 brass는 돈이라는 뜻이다.

082

천지개벽(天地開闢)

… 과거에는 권력자의 집에나 채워져 있던 과일, 고기, 해산물, 음료수가 지금은 여느 서민 집 냉장고에서도 쉽게 찾아볼 수 있다. 이게 바로 '천지개벽'이고, 우리 국민이 땀 흘려 쌓아 온 대한민국의 성장사이다 …

••• 뜻풀이 하늘과 땅이 처음으로 생겨남. 즉, '자연계나 사회의 큰 변동'을 비유함

직역하면 the creation of heaven and earth이라고 하지만 큰 변화, 변동을 말하고 할 때는 a cataclysmic change(지각의 변동)라고 하고 많은 경우에 '천지개벽이 일어나도'라고 하면 even if the heavens fall (하늘이 무너지더라도)를 쉽게 표현하려면 no matter what (무슨 일이 있어도)라고 할 수 있다.

이와 관련된 격언을 살펴보자.

Men at most differ as Heaven and Earth, but women, worst and best, as Heaven and Hell. 남자들은 아주 다르면 하늘과 땅 정도 다르지만, 여자들은 최상의 경우와 최하의 경우에 하늘과 지옥만큼 다르다.

Trees are the earth's endless effort to speak to the listening heaven. (타고르)
나무란 듣고 있는 하늘한테 말하려고 하는 지구의 끊임 없는 노력이다.

Like Confucius of old, I am so absorbed in the wonder of earth and the life upon it that I cannot think of heaven and the angels. (펄벅)
예전의 공자와 마찬가지로 나는 지구의 신비함과 지구에 있는 생명에 너무나도 몰두가 되어 하늘과 천사에 대해 생각할 겨를이 없다.

Nothing makes the earth seem so spacious as to have friends at a distance; they make the latitudes and longitudes.
친구가 멀리 있는 것처럼 지구를 넓게 만드는 것이 없다. 친구들은 경도와 위도가 된다.

083

개과천선(改過遷善)

… 모호한 태도로는 북한을 '개과천선'시킬 수도 없고, 국제 사회의 눈총만 받기 십상이다 …

●●● 뜻풀이 잘못을 고쳐 착하게 됨

'개과천선'에 해당하는 여러 표현들이 있는데 그 중 to mend one's ways, to turn over a new leaf, to become a new man/woman이 많이 쓰인다.

He decided to mend his ways and get a job.
개과천선해서 일하기로 했다.

He turned over a new leaf and began to study harder.
개과천선해서 공부를 더 열심히 하기 시작했다.

He became a new man and started to take care of his family.
개과천선해서 가족을 돌보기 시작했다.

084

기사회생(起死回生)

… 이 중국 회사의 창립자는 한국 게임을 수입하여 성공시켜 이를 계기로 '기사회생'의 발판을 만들었다 한다. 지금은 중국 3대 갑부의 반열에까지 올라섰다고 한다 …

●●● 뜻풀이 중병으로 죽을 뻔하다가 다시 살아남.

영어로는 '죽을 뻔한 것'이 아니고 '죽었다가 다시 살아왔다'는 뜻으로 to bring back from the dead 또는 to come back from the dead라는 표현을 사용한다. 심하게 아팠다가 회복된 경우에도 이런 표현을 쓰지만 비유적으로 예를 들어 한 동안 상종가를 쳤던 연예인의 인기가 하락했다가 다시 올라갈 때 종종 쓴다. 예를 들어 한동안 '인기가 침체했던 뉴키즈언더블럭이 다시 인기를 누리고 있다.'를 표현할 때 The New Kids on the Block are back from the dead!라고 하면 된다.

인생과 관련된 격언을 살펴보자.

Life is pleasant. Death is peaceful. It's the transition that's troublesome.
인생은 아름답고 죽음은 평화롭다. 그 과도기가 문제다.

Learn as if you were going to live forever. Live as if you were going to die tomorrow. (간디)
영원히 살 것처럼 배우고 내일 죽을 것처럼 살아라.

I know not what course others may take, but as for me, give me liberty or give me death.
다른 이들은 어떤 방법을 택할지 모르지만 나로서는 자유를 주든지 죽음을 다오.

또 재미있는 것은 서양인들은 세금과 죽음을 연관시켜서 생각하는 경우가 많다.

Born free...taxed to death.
자유롭게 태어났지만 죽도록 세금을 물어야 한다.

There will always be death and taxes; however, death doesn't get worse every year.
죽음과 세금은 항상 존재할 것이다. 하지만 죽음은 매년 악화되지 않는다.

Nothing in life is certain except death and taxes. (프랭클린 미대통령)
인생에서 확실한 것은 죽음과 세금뿐이다.

085

하늘의 별 따기

… 놀이기구 사망사고에 대해 사과하는 차원에서 무료 개방 행사를 벌인 꿈나라 동산에 십만이 넘는 인파가 몰리면서 극심한 혼잡이 빚어졌다. 결국 35명이 다치고 미아가 속출하는 등 잠실 일대는 그야말로 아수라장이 되었다. 특히 놀이기구 타기는 '하늘의 별 따기'만큼이나 어려웠으며, 잠실역 일대는 극심한 혼잡으로 하루 종일 몸살을 앓았다 …

●●● 뜻풀이 불가능한 일, 힘든 일

'하늘의 별 따기'는 impossible이나 difficult로 표현할 수 있다.

It's like trying to catch the stars in the sky. 이 영어 표현은 그냥 직역해도 그 뜻을 알 수 있는 표현이다.

또, '하늘의 별 따기'를 to reach for the moon/stars라고 표현하면 한국어 표현과 상당히 흡사하다. 특히 '꿈을 펼쳐라'라는 말을 하고 싶을 때 자주 쓰는 표현이다. 자연히 어린이 교육 프로그램 제목으로 많이 사용되고 있다. 이와 비슷하나 to ask for the moon이라고 하면 '불가능한 것을 원하다'라는 뜻이다.

Moon과 관련된 격언을 살펴보자.

Everyone is a moon, and has a dark side which he never shows to anybody.

우리 모두는 달이기에 아무한테도 보여주지 않는 어두운 면이 있다.

Shoot for the moon. Even if you miss, you'll land among the stars.

달을 향해 쏴라. 달에 명중하지 못한다 해도 별들에는 도달할 것이다.

If experience was so important, we'd never have had anyone walk on the moon.

경험이 그렇게 중요하다면 그 누구도 달에 발을 디딜 수 없었을 것이다.

What was most significant about the lunar voyage was not that men set foot on the moon but that they set eye on the earth.

인간이 달에 발을 디딘 것이 중요한 것이 아니라, 그로 인해 지구를 볼 수 있었던 것이 중요하다.

When it is dark enough, you can see the stars. (에머슨)

충분히 어두울 때 별이 보인다.

086

빛 좋은 개살구

… 이제까지 한국은 일본 및 중국과의 협정을 추진하고 있었으나 이는 사실 많은 문제점을 내포하고 있었으며, 자칫하면 별다른 실익은 없이 각종 예외적인 조항들로 가득 찬 '빛 좋은 개살구'가 될 수도 있기 때문이다 …

●●● 뜻풀이 개살구는 모양은 그럴 듯 하지만 맛은 시고 떫기만 합니다. 개살구처럼 겉모양은 좋아 보이지만 속 내용은 겉모양보다 못한 것을 보고 하는 말

'겉 모습은 속일 수 있다'라고 표현할 수 있다 즉, Appearances are deceiving. 아니면 많이 들었던 Don't judge a book by its cover. (책 표지만 보고 그 책을 평가 하지 마라.)

'겉모습에 현혹되지 말라'는 뜻의 격언들을 살펴보자.

The world is governed more by appearance than realities so that it is fully as necessary to seem to know something as to know it.
세상은 현실보다 겉 모습에 지배되기 때문에 실제로 아는 것만큼 아는 것처럼 보이는 것도 중요하다.

Men in general judge more from appearances than from reality. All men have eyes, but few have the gift of penetration. (마키아벨리)
일반적으로 사람들은 현실보다 겉 모습을 보고 평가한다. 다들 눈은 갖고 있지만 꿰뚫어 보는 재능을 가진 자들은 그다지 많지 않다.

The world more often rewards the appearance of merit than merit itself.
세상은 우수성 자체를 보상하기 보다 겉 모습을 보고 보상하는 경우가 더 많다.

087

유비무환(有備無患)

… AI를 가리켜, 혹자는 중세기 유럽 전역을 휩쓸며 인구의 절반을 삼킨 페스트에 견주어 '페스트의 귀환'이라고까지 말하고 있다. 이런 우려를 기우라고 평가절하 하더라도 '유비무환'이라고 하지 않는가. 전염병 대처 문제는 이제 정부가 팔을 걷고 적극 나서야 할 핵심 과제가 된 것이다 …

••• 뜻풀이 방비가 잘되어 있으면 적이 언제 쳐들어와도 근심이 없음

박정희 전대통령의 좌우명이기도 했던 이 사자성어를 영어로 어떻게 표현하는 것이 좋을까? Forewarned is forearmed. 미리 경고를 받는다는 것은 미리 무장한다는 것이다. An ounce of prevention is worth a pound of cure. 예방이 치료 보다 낫다.

미국에서 처음 시작한 스카우트 운동이 이제 한국에까지 널리 보급이 되었는데 스카우트들의 선서는 Be prepared! '항상 준비된 자세로'이다.

An apple a day keeps the doctor away. 주로 건강과 관련해서 많이 사용하는 격언으로 하루에 사과를 하나 먹으면 병원 신세를 지지 않아도 된다는 뜻의 표현이다.

A stitch in time saves nine.
제 때에 한 번 꿰매면 9번 안 꿰매도 된다.

Don't put off 'till tomorrow what you can do today.
오늘 할 수 있는 일을 내일로 미루지 말아라.

상반된 표현으로는 Procrastination is the thief of time. 연기하는 것은 시간 도둑이다.

088
명약관화(明若觀火)

… 일본의 황국사관이 침략의 전초였듯이 동북공정을 추종하는 중국의 중화사관이 어떠한 결과를 낼지 '명약관화'하다고 생각하는 사람들이 많다 …

••• 뜻풀이 불을 보듯이 명백함. 뻔함

'분명하다'는 뜻으로 영어로는 쉽게 It is clear. It is self-evident. It is obvious.라고 할 수 있다. to be as clear as day 또는 to be as plain as day와 같은 관용구들도 '분명하다'는 뜻을 나타낸다.

'수정처럼 맑다'는 뜻의 to be crystal clear도 '명백하다'는 뜻으로 자주 쓰이는 표현이다.

톰 크루즈가 주연한 'A Few Good Men(1992)' 이라는 영화에서 상관인 잭 니콜슨이 톰 크루즈를 궁지에 몰아넣다가 끝에 Is that clear?하고 외치는데 톰 크루즈가 대답하기를 Crystal.이라고 한다. 그 이전에는 crystal clear가 항상 같이 쓰였기 때문에 crystal만 대답한 것이 다소 쇼킹하였다.

Clear와 관련된 관용구들을 살펴보자.

to be as clear as mud 이해하기 어려운

His explanation was as clear as mud. 그의 설명은 이해하기 너무 어려웠다.

to be in the clear 어떤 범죄에 대해 무죄

Thanks to the witness, the kids are in the clear.
증인 덕분에 아이들의 무죄가 입증되었다.

to clear the air 악감정을 없애다

I'm glad we had this meeting. I think we've cleared the air.

이번 회의가 있어서 다행이라고 생각해요. 적어도 오해는 푼 것 같아요.

to steer clear of something/someone 누구를 피하다

I steer clear of the dessert table when I go to a buffet.

뷔페를 가면 나는 후식이 있는 곳을 피한다.

089

패가망신(敗家亡身)

… 박 회장은 회사가 은행 관리를 받게 된 것에 그치지 않고 여성 문제까지 제기가 되어 그야말로 '패가망신'하여 한국을 떠나고 싶다고 심정을 털어놓았다 …

●●● 뜻풀이 가산(家産)을 다 써서 없애고 몸까지 망침

'패가망신'은 영어로 '자신과 가족을 망친다'는 뜻으로 to ruin oneself and one's family라고 해도 좋다. 또는 정부, 국가 등이 망했을 때는 downfall이라는 단어도 쓴다. 예를 들어 This will lead to the downfall of the Roman Empire. (이것으로 로마제국이 망할 것이다.)

Ruin과 동의어가 많은데 뉘앙스가 다 다르므로 하나씩 살펴보자.

ruin : 완전히 망하지는 않았지만 돌이킬 수 없을 정도의 손해, 피해

raze, demolish, destroy : 완전히 파괴, 무너뜨리다

wreck : 격렬한 충돌로 인해 파괴되다. 사람에게 쓰일 때는 명성이나 사람 자신이 돌이 킬 수 없을 정도의 타격을 뜻한다.

Ruins라고 복수로 쓸 때는 폐허를 뜻한다.

I went to Pompeii and saw the ruins.

폼페이에 가서 폐허를 봤다.

Ⅳ. 감정

090

언감생심(焉敢生心)

… 이번 노동부장관 내정자는 지난 대선 불법자금 수수로 실형을 선고 받아 상당기간 복역을 한 바 있고, 정상적인 대한민국 국민이라면 '언감생심' 꿈꿀 수도 없는 대통령 특별사면을 받아 작년에 '자유의 몸'이 된 사람으로 알려져 있다…

••• 뜻풀이 감히 그런 생각을 품을 수도 없음

어떻게 감히 그럴 수가 있는가! 무척 화가 났을 때,

How dare you insinuate that I have not done the research?

어떻게 감히 내가 연구를 하지 않았다고 빗대어 말 할 수 있는가?

You have the gall to come here after I forbid you to do so.

앞으로 절대로 여기에 발을 디디지 말라고 했는데 여기가 어디라고 오는 거야!

To dare to do something~ to have the gall to~ 영어로는 상당히 강한 어조이기 때문에 조심해서 사용해야 한다.

'~할 배짱이 있다'는 뜻으로 사용되는 속어 표현은 to have the balls to~ 인데, 여기서 balls는 남자의 고환을 일컬으며 용기, 배짱을 뜻한다.

091
견물생심(見物生心)

… 약속 시간보다 일찍 도착해 근처 상점들을 돌다 보면 필요하지도 않은 데 '견물생심'이 일어나게 된다 …

●●● 뜻풀이 물건을 보면 그것을 가지고 싶은 욕심이 생김

'견물생심'을 번역하면 Seeing is wanting.이 된다.

하지만 영어로 많이 쓰는 격언은 Seeing is believing. '봐야 믿는다'라는 뜻이다.

그 외에 What you see is what you get. 이라는 표현은 요즘은 컴퓨터용어로도 사용하는데 화면에 보이는 그대로 인쇄된다 뜻이다.

반대의 뜻을 가진 격언들도 있다.

What the eye doesn't see, the heart doesn't grieve over.
눈에 보이지 않으면 슬프지 않다.

Out of sight, out of mind.
보지 않으면 마음도 멀어진다.

092
허리띠를 졸라매다

… 부모님으로부터 물려받은 집을 증권으로 날리고 그나마 고정 수입원이었던 가게마저 불경기로 적자를 면할 길이 없으니 '허리띠를 더욱 졸라매야 한다' …

●●● 뜻풀이 근검 절약하다

'절약하다'라는 뜻보다는 '정신을 바짝 차리다'라는 뜻으로 숙어 중에 bite the bullet이 있다. 옛날에 의학이 그다지 발달되기 전에는 마취제가 없었고, 있어도 너무 비싸서 제대로 쓸 수 없을 때 위스키로 상처를 소독하거나 마셔서 정신 없게 하던지 수술 할 때 이를 악 물고 고통을 참아야 했는데, 총알은 단단해 웬만해서 휘지 않기 때문에 총알을 물고 수술하는 경우가 많았다고 한다. 그래서 어려움이나 고통을 견뎌야 할 때 지금도 bite the bullet이라는 표현을 쓴다.

한편 '정신을 차려야 한다'는 뜻으로 to pull oneself up by the bootstraps라는 표현을 쓰기도 한다. 아마도 옛날에는 구두끈이 좋지 않아서 잘 풀렸는가 보다. 그래서 끈이 풀려있는 채로 다니는 경우가 많았는데 정신을 차리고 제대로 한다는 뜻으로 구두끈을 다시 메고 무엇에 임한다는 뜻으로 쓴다.

to scrimp and save 비싼 것을 사기 위해 절약한다는 뜻

I've been scrimping and saving for three years and now I can finally buy a new car. 3년 동안 허리띠를 졸라맸더니 이제는 드디어 새 차를 살 수 있게 되었다.

A penny saved is a penny earned. 일전을 아끼는 것이 일전을 절약하는 것이다.

절약하라고 권할 때 쓰는 표현이다.

to save something for a rainy day 비가 오는 날을 위해 아끼다

나중에 필요할지도 모르는 일을 위해 절약하고 비축하다는 뜻으로 많이 쓰이는 표현이다.

093
핑계 없는 무덤

… 누구에게나 비밀이 있는 것처럼 누구에게나 핑계도 있다. 그래서 '핑계 없는 무덤은 없다'는 말도 있지 않은가. 음주운전으로 걸려 면허가 취소된 사람이 급증하면서 억울하게 취소됐다며 법에 호소하는 사람도 늘고 있다 …

●●● 뜻풀이 누구에게나 핑계가 있다

'핑계 없는 무덤'은 없다는 뜻으로 Everybody has excuses.라고 직역 할 수도 있다.

핑계와 관련된 재미 있는 격언은 실로 많다.

Where the heart is willing, it will find a thousand ways, but where it is unwilling, it will find a thousand excuses.
마음이 원한다면 천 개의 방법을 찾으리라, 하지만 원하지 않는다면 천 개의 핑계를 찾을 것이라.

The only man who is really free is the one who can turn down an invitation to dinner without giving an excuse.
진정한 자유인은 핑계를 대지 않고서도 저녁 식사를 거절할 수 있는 사람이다.

Don't make excuses - make good.
핑계 대지 말고 제대로 잘 해라.

He who excuses himself accuses himself.
핑계 대는 사람 잘못이다.

Several excuses are always less convincing than one.
한 개의 핑계보다 여러 개의 핑계가 설득력이 약하다.

If you don't want to do something, one excuse is as good as another.
(유태인 속담) 하고 싶지 않는 일이 있다면 이 핑계나 저 핑계가 마찬가지다.

094

침소봉대(針小棒大)

… 결국 진실위원회의 이날 발표는 동백림 사건에 대한 최초 수사착수 지시와 해외연행이라는 점을 제외하고는 중앙정보부가 박 대통령의 포괄적인 수사 지시에 의해 독단적으로 '침소봉대' 했을 가능성이 크다는 쪽으로 일단 결론 난 셈이다 …

●●● 뜻풀이 심하게 과장하여 말함

일반적으로 '과장되게 말하다' 하면 exaggerate를 생각한다. He's exaggerating.이라고 하면 된다. 허풍쟁이다라는 뜻으로는 He's full of hot air. Hot air balloon은 기구(氣毬) (즉, 뜨거운 바람이 있어야 뜰 수 있음)라는 표현도 있고 to tell a fish story도 있다. 즉, 낚시 하러 갔다가 돌아오면 남자들이 '이~만한 물고기를 잡았는데 너무 커서 놓쳤다.'라고 말하는 경우가 많은데 그런 이야기를 할 때마다 물고기의 크기가 점점 커지는 경우가 다반사이다. 그래서 to tell a fish story라고 하면 과장되게 말하다라는 뜻이다.

a tall story/tale 과장된 이야기

She never saw Angelina Jolie. That's just a tall tale.

그녀는 안젤리나 졸리를 본 적 이 없어. 과장된 말일걸.

095
찬물을 끼얹다

… 당시 거의 모든 언론에서 보도한 '사이공식 처형'이라는 이름이 붙은 이 사진은 남베트남과 북베트남을 선악 대결 구도로 몰고 가려는 미국 정부의 의도에 찬물을 끼얹으며 반전 운동에 불을 붙였다 …

●●● 뜻풀이 고조된 분위기를 순식간에 가라앉히다

쉬운 표현으로는 dampen을 쓸 수 있다. 예를 들어, '비가 우리 흥분에 찬물을 끼얹을 수 없었다.'는 The rain could not dampen our excitement.

우리는 호텔에 투숙할 때 아침에 깨어 달라고 부탁할 때 '모닝콜'이라고 하는 데 올바른 영어 표현은 a wake-up call이다. 단잠을 자고 있는 데 갑자기 전화 벨소리로 깨기 때문에 a wake-up call은 비유적인 표현으로 많이 사용한다. 예를 들어, The match between Korea and Denmark was a wake-up call for Korea. (한-덴마크전은 한국의 주의를 환기시키는 경기였다.)

'찬 샤워'라는 뜻의 a cold shower는 보통 남자들이 성적 욕구가 넘치는데 해소할 수 없는 곤란한 상황에 처해 있을 때 이를 잠재우기 위해 찬물로 샤워한다고 한다.

그렇다면 cold과 관련된 표현을 몇 가지 살펴보자.

cold comfort 그다지 위안이 되지 못하는 것

When Tom was not promoted, it was cold comfort to hear that he would be the first to do so the next time.

탐이 승진을 하지 못했을 때, 다음 번에 우선 순위로 승진될 것이라는 말은 그다지 위안이 되지 못했다.

cold feet 용기의 상실

(결혼 직전 결혼에 대한 두려움을 말할 때 많이 사용)

Don't tell the bride that the groom got cold feet.

신랑이 갑자기 결혼에 대해 망설이고 있었다는 말을 신부한테 하지 마세요.

cold turkey 마약, 알코올 중독적인 것을 의사의 도움 없이 단호히 끊는 것

I think the best way to quit smoking is cold turkey.

담배는 단호히 끊는 것이 바람직하다고 생각한다.

096

감개무량(感慨無量)

… 지금은 고인이 된 민관식 전 문교부 장관은 한 언론과의 전화 인터뷰에서 “내가 국기에 대한 맹세문을 제정했고 지금도 감개무량하다”고 밝힌 바 있다 …

••• 뜻풀이 마음에 사무치는 느낌이 한이 없음

감개무량하다는 to be deeply moved, so touched 또는 to be overwhelmed with emotion이라고 표현하면 좋다.

The veterans were deeply moved by the warm welcome of the people.
노병들이 국민의 따뜻한 환호에 감개무량했다.

Please give me a few minutes. I am too overwhelmed with emotion to speak.
잠깐만 시간을 주세요. 감개무량해서 말을 하지 못하겠습니다.

097

감지덕지(感之德之)

… 한국이 중국과 동맹 관계를 맺거나 군사적으로 밀착되는 것을 방지할 수 있다는 것만으로도 '감지덕지'해야 할 판이다 …

●●● 뜻풀이 분에 넘치는 듯싶어 매우 고맙게 여기는 모양

간단히 very grateful, very thankful라고 표현하면 된다.

'감사하다'라는 표현 중 Thank your lucky stars that~ (~을 운이 좋다고 생각하다)가 있다.

예를 들어, You should thank your lucky stars that you didn't fall down. (넘어지지 않았으니 운이 좋다고 생각해라.)

098

과대망상(誇大妄想)

… 음성학적인 측면에서 볼 때 한글만큼 모든 발음을 표현할 수 있는 글이 없다. 한글은 우리 민족의 글만이 아니라 세계의 글이 될 것이라는 생각은 '과대망상'만은 아니라고 생각한다 …

●●● 뜻풀이 자기의 능력 · 용모 · 지위 등을 과대하게 평가하여 사실인 것처럼 믿는 일, 또는 그런 생각

'그는 과대망상에 사로잡혀있다.'는 He has delusions of grandeur.라고 표현할 수 있다.

위대하다는 뜻을 담은 격언들을 살펴보자.

No really great man ever thought himself so.
진정한 위인은 그가 위인이라고 생각한 적이 없다.

The price of greatness is responsibility. (처칠)
위대함의 대가는 책임이다.

To be great is to be misunderstood.
위대함은 곧 오해를 받는다는 것이다.

099
과소평가(過小評價)

… 상대방의 실력을 '과소평가'하면 경쟁에서 뒤지기 쉬우므로 늘 상대를 정확히 파악하고 판단하는 것이 중요하다 …

●●● 뜻풀이 실제보다 작게 평가함

과소평가는 그냥 underestimate라고 하면 된다. 예를 들면, Never underestimate your enemy. (너의 적을 절대 과소평가하지 마라.) 그 반대인 과대평가는 overestimate라고 하면 된다.

과소평가와 관련된 격언들을 살펴보자.

You can never underestimate the stupidity of the general public.
대중의 무지를 결코 과소평가할 수 없다.

Never underestimate the power of human stupidity.
인간의 무지의 힘을 과소평가하지 마라.

Never underestimate a man who overestimates himself.
자신을 과대평가하는 사람을 결코 과소평가하지 마라.

100
군중심리(群衆心理)

… 검찰에 따르면, 피의자 대부분 죄의식이 미약한 상태에서 '군중심리'에 의해 우발적으로 감정을 표출한 점을 감안해 약식기소하기로 했다 …

••• 뜻풀이 많은 사람이 모였을 때, 자제력을 잃고 다른 사람의 언동에 쉽사리 따라 움직이는 충동적인 심리

군중심리를 전문용어로 말하려면 mass psychology 또는 mob psychology 라고 하면 된다.

Mass는 mass communication (대중 매스컴), mass transportation (대중 교통), mass consumption (대중 소비) 등과 같은 합성어를 보더라도 대중, 많은 의 뜻으로 중립적인 단어이지만, mob이라는 단어는 부정적인 뜻이 있다. Mob는 군중, 집단이라는 뜻이지만 순식간에 폭력적이고 무질서해질 수 있는 군중의 뜻이 있다. 또는 경멸하는 뜻으로 the mob은 항상 정관사 the를 사용하며 민중, 하층민을 지칭한다. 또 대문자로 쓰면, the Mob이라고 하면 마피아를 뜻한다.

토마스 하디라는 영국작가가 쓴 책 제목 Far from the madding crowd에서 유래한 '사람이 많은 곳에서 멀어지고 싶다'는 표현도 있다.

Crowdpleaser는 대중한테 어필하는 사람, 아이디어, 공연 등이다.
My Way is a crowdpleaser all around the world.
'마이웨이'는 전세계적으로 사랑받는 노래이다.

101

기진맥진(氣盡脈盡)

… 익명을 요구한 재계 한 관계자의 말에 따르면, 지난해부터 대기업을 대상으로 대대적 세무조사를 벌여온 터라 기업들은 이미 '기진맥진'한 상태이다 …

●●● 뜻풀이 기력이 다하고 맥이 풀림. 기진역진

'기진맥진'의 사전적인 정의는 complete exhaustion이다.

예를 들어, I've been working so hard that I'm completely exhausted. 너무 열심히 일을 했더니 기진맥한 상태이다.

젊은 아이들 사이에는 pooped라고 할 수 있다. I'm pooped. 하면 '녹초가 됐다!'는 뜻이다.

관용구 중 fit to drop도 같은 뜻이다. dead tired도 그냥 피곤한 것보다 더 많이 피곤해 녹아 떨어졌다는 뜻이다.

여기서 주의해야 할 것은 sick and tired라는 표현이다. 아프고 피곤한 것이 아니라 '진절머리 나도록 지긋지긋하다'라는 뜻이다. 예를 들어,

I'm sick and tired of your nagging.

잔소리가 지긋지긋해.

피로와 관련된 격언을 살펴보자.

Fatigue is the best pillow.

피로가 최고의 베개다. 즉 피곤하면 잠을 잘 잔다.

Our fatigue is often caused not by work, but by worry, frustration and resentment.

우리의 피로는 과로 때문이 아니라 걱정, 좌절과 분노 때문이다.

102

촌철살인(寸鐵殺人)

… 이슬람 예언자 마호메트를 그린 덴마크 신문의 만화는 이런 점에서 보면 결국 실패한 풍자라고 할 수 있으며 정곡을 찌르는 기지도, '촌철살인'의 웃음도 수반하지 않았다 …

●●● 뜻풀이 '짧은 경구(警句)로 사람의 마음을 찔러 감동시킴'을 이르는 말

유사한 뜻으로 '와 닿는 무엇'을 뜻하는 hit home 이라는 표현이 있다.

Her commentary really hit home.
그녀의 해설은 정말 와 닿았다.

'촌철살인'은 핵심을 찌르는 말이므로 a pithy remark (that hits home)이라고 한다. pithy가 다소 생소한 단어이긴 하지만, '핵심을 찌르며 간결한'이라는 뜻의 격이 높은 어휘이므로 알아두면 좋다. 즉, short and sweet이 관건이다.

103
지푸라기라도 잡는 심정으로

… 음악에 대한 열정이 벼랑 끝에 몰리고 국내 제작자들이 등을 돌릴 때 그에게 구원의 손길을 뻗친 것은 다름아닌 일본의 한 기획사이었다. '지푸라기라도 잡는 심정으로' 고국을 등지고 떠나, 일본에서 그는 눈물을 삼키고 음악에 전념 했다 …

●●● 뜻풀이 최후의 방법으로

우리 표현과 같은 영어 격언이 있다. 바로 '물에 빠진 사람은 지푸라기라도 잡는다'는 뜻의 A drowning man will grasp at straws. 이다.

Straw가 들어간 표현들을 살펴보자.

It was the straw that broke the camel's back.
또 짧게 That's the last straw!
낙타의 등을 부러뜨린 마지막 지푸라기였다. 즉, 더 이상은 못 참겠다!

A man of straw needs a woman of gold.
지푸라기로 만든 남자는 금의 여자를 필요로 한다. 즉, 별 볼일 없는 남자는 더 나은 여자를 필요로 한다.

104

작심삼일(作心三日)

… 새해를 맞이할 때마다 금연을 목표로 삼은 사람이 적지 않다. 그러나 '작심삼일'에 그치는 경우가 대부분인데 굳은 결심도 끝내 금단현상과 스트레스 등으로 다시 손을 대기 때문이다 …

●●● 뜻풀이 '결심이 굳지 못함'을 빗대어 이르는 말

미국에서도 새해가 되면 새로운 결심을 하며 이를 New Year's Resolutions이라고 한다. 그 중에는 물론 담배 끊겠다는 결심이 제일 많은데 삼 일까지 가는지는 모르겠지만 오래 못 가는 경우가 대부분이어서 이럴 때 a short-lived resolution (단명의 결심)이라고 한다.

새해와 관련된 격언을 살펴보자.

A New Year's resolution is something that goes in one year and out the other.
새해 결심이란 한 해에는 들어오고 또 한 해에는 나가는 것이다.

여기서 in one year and out the other 표현은 in one ear and out the other (한 귀로 듣고 한 귀로 흘린다) 표현과 발음이 비슷하여 말장난으로도 볼 수 있다.

An optimist stays up until midnight to see the new year in. A pessimist stays up to make sure the old year leaves.
낙관주의자는 새해가 밝아오는 것을 보기 위해 자정까지 기다리고 비관주의자는 묵은 해가 확실히 가는 것을 보기 위해 남는다.

Many people look forward to the new year for a new start on old habits.
많은 사람들은 과거의 습관들을 다시금 시작하기 위해 새해를 기대한다.

Be always at war with your vices, at peace with your neighbors, and let each new year find you a better man. (프랭클린 미대통령)
너의 악습과는 항상 싸우고, 이웃들과는 평화를 유지하고, 새해마다 더 나은 사람이 되기를.

105
초지일관(初志一貫)

… 무엇이든 시작을 한다는 것은 어려운 일이다. 그러기에 '시작이 반'이라는 말이 괜히 나온 게 아니다. 그러나 그보다 더 어려운 것은 '초지일관'이라고 생각한다. 처음 시작했을 때의 마음을 끝까지 유지하기가 실로 어렵기 때문이다 …

••• 뜻풀이 처음에 세운 뜻을 이루려고 끝까지 밀고 나감

처음에 세운 뜻을 밀고 나간다는 뜻으로 accomplish one's original goals 또는 fulfill one's original intentions/aims라고 하면 된다.

재미 있는 관용구 중에 move the goalposts 라는 것이 있다. 이 뜻은 방해 작전을 펴서 규칙을 바꾸는 것이다.

They were accused of moving the goalposts in order to ensure that the company they wanted got the bid.

그들이 원했던 회사가 입찰에 낙찰되도록 규칙을 바꿨다는 비난을 받았다.

Goal과 관련된 격언을 살펴보자.

Obstacles are those frightful things you see when you take your eyes off your goal.

장애물이란 목표물에서 눈을 뗐을 때 생기는 것들이다.

Goals are dreams with deadlines.

목표란 마감일이 있는 꿈이다.

106

호시탐탐(虎視眈眈)

… 방화와 동시에 살포된 유인물에는 "남한은 북침준비를 완료하고, '호시탐탐' 기회를 노리고 있다"는 취지의 문구가 들어 있어 섬뜩했다 …

••• 뜻풀이 눈을 날카롭게 뜨고 가만히 형세를 노려봄을 비유한 말

'때를 기다린다'는 뜻으로 to be on the lookout for an opportunity/opening; to be vigilant of a chance라고 할 수 있다.

같은 의미를 가진 관용구들을 살펴보자.

to keep one's eyes peeled 신경을 쓰다, 유심히 보다

Keep your eyes peeled for a gas station.
주유소가 있는지 유심히 봐라.

argus-eyed / hawk-eyed / eagle-eyed 주의 깊게 지키는, 방심하지 않은

Nothing escaped the argus-eyed teacher.
주의 깊게 지켜보는 선생님의 눈은 놓치는 것이 없었다.
참고로, Argus는 그리스신화에 나오는 100개의 눈이 달린 거인이다.

107
후안무치(厚顔無恥)

… 유 복지부장관 내정자가 국민 연금에 제대로 기여하지는 않고, 국민연금 재정 파탄을 이야기하는 것은 도덕적으로 '후안무치'한 행동이라고 비판하는 언론들이 눈에 띈다 ….

●●● 뜻풀이 뻔뻔스러워 부끄러움을 모름

'뻔뻔스러운'이라는 뜻으로 impudent, brazen, saucy, impertinent, insolent, gall 단어들은 모두 엇비슷한 급으로 쓸 수 있다. 그 외에 조금 낮은 수준으로 backtalk, sass, lip을 쓸 수 있는데 특히 lip은 속어에 가깝다. 같은 뜻의 히브리어는 chutzpah 또는 hutzpah 인데 자주 사용되는 히브리어 중에 하나이다.

실제 예문을 통해 보자.

The student had to stay after school for his impudent behavior.
후안무치한 행동 때문에 학생이 방과 후에 학교에 남아야 했다.

I knew he'd get in trouble one of these days. He's always giving lip to the boss.
언젠가는 혼 날줄 알았어. 맨날 상사한테 후안무치한 행동을 했으니.

He has a lot of chutzpah coming here after he was kicked out yesterday.
어제 쫓아냈는데 오늘 또 오다니 그는 정말 뻔뻔스럽다.

108
교언영색(巧言令色)

… 결정적인 순간에 등을 돌린 회사가 문을 닫게 되었다는 말을 듣고 놀란 적이 있다. '교언영색'하는 사람 치고 진실되고 참된 사람이 없다는 점은 어떤 리더에게나 아무리 강조해도 지나치지 않을 것 같다 …

••• 뜻풀이 아첨하느라고 교묘하게 꾸며대는 말과 알랑거리는 태도

아첨하는 말은 fine words 또는 flattery라고 하면 된다.

유사한 단어들이 많으나 그 뉘앙스를 정확히 아는 것이 중요하므로 살펴보자.

compliment 칭찬, 중립적인 단어이다.

She never fails to compliment me on my outfit.
그녀는 내가 입은 옷에 대해 항상 칭찬을 한다.

adulation 아첨 또는 과장되고 진실되지 못한 칭찬

Movie stars say they don't like the adulation but when it's gone, they feel empty. 영화 배우들은 아첨을 싫어한다고 하지만 없을 때는 허무하게 느낀다.

cajolery 아첨 중에 본인이 원하는 목적을 달성하기 위해 누구를 설득하는 것

Sometimes you need to alternate between bullying and cajolery to get what you want.
때에 따라서는 원하는 것을 얻기 위해서는 윽박지르거나 아첨을 해야 한다.

sweet talk 악의 없이 본인이 원하는 목적 달성을 위해 설득하는 것

My wife tried to sweet talk me into going to Hawaii this summer.
아내가 이번 여름에 하와이에 가자고 나를 설득하려고 했다.

아첨과 관련된 격언들을 살펴보자.

I hate careless flattery, the kind that exhausts you in your effort to believe it.
나는 조심성 없는 아첨은 싫어. 그 아첨을 믿기 위해 너무 노력해야 하는 그런 아첨 말이야.

I can live for two months on a good compliment.
잘된 칭찬을 들으면 두 달 편안하게 살 수 있어.

What flatterers say, try to make true. (독일 속담)
아첨자들이 말하는 것을 현실로 만들도록 노력해라.

Flatterers look like friends, as wolves like dogs.
아첨자들은 친구처럼 보인다, 늑대가 개처럼 보이듯이.

109
감탄고토(甘呑苦吐)

… 역경에 처한 친구를 배신하는, 달면 삼키고 쓰면 뱉는 '감탄고토'는 지양해야 할 것이다 …

●●● 뜻풀이 제 비위에 맞으면 좋아하고 틀리면 싫어함

'감탄고토'는 Take the sweet and spit out the bitter.라고 표현하면 격언처럼 들리고 쉽게 이해된다. You can't pick and choose. (원하는 것만 고를 수는 없다.)는 표현도 이 뜻에 맞는다.

유사한 뜻의 관용구들을 살펴보자.

bitter pill 쓴 약, 즉, 받아드리기 힘든 것

The pay cut was a bitter pill to swallow.
감봉은 받아드리기 힘든 일이었다.

to the bitter end 끝까지 (주로 불쾌한 일에 대해서)

I knew that I would have to fight until the bitter end.
끝까지 싸워야 한다는 것을 알고 있었다.

to be sweet on something/somebody ~를 좋아하거나 사랑하는 것

Tom has been sweet on Mary since they were children.
어렸을 때부터 탐이 메리를 좋아했다.

sweet talk 과찬, 아첨, 아부

She could sweet talk her daddy into anything.
그녀는 아첨을 떨어 아버지한테 원하는 것을 모두 얻었다.

같은 뜻의 격언도 있다.

We swallow greedily any lie that flatters us, but we sip only little by little at a truth we find bitter. (디드로)
우리는 달콤한 거짓말은 욕심내서 삼키지만 쓴 진실은 조금씩 마신다.

Things that were hard to bear are sweet to remember. (세네카)
견디기 어려운 것이 기억하기는 쉽다.

110

호가호위(狐假虎威)

… 중국 광둥성의 경제특구 선전시는 지난 1999년, 공직자들의 배우자를 대상으로 청렴 내조운동을 벌인 적이 있다. 청렴한 간부 뒤엔 반드시 청렴한 아내가 있고 부패한 간부 뒤엔 반드시 부패한 여인이 있다는 구호를 내건 이 캠페인은 6개월간 계속되었다. 그 중엔 남편의 권력을 업고 부패를 즐기는 '호가호위'형이 있는가 하면 남편보다 한술 더 뜨는 설상가상형이 있고 남편의 귀에 대고 사익을 부추기는 베개송사형, 남편이 챙긴 부패의 과실을 즐기는 감각마비형 등이 있었다 …

●●● 뜻풀이 직역하면 '여우가 범의 위세를 빌려 호기를 부린다'는 뜻으로, '남의 권세에 의지하여 위세를 부림'을 이르는 말

영어로도 '호가호위'를 직역한 듯한 표현인 an ass in lion's skin 즉 '사자 가죽을 입은 당나귀'라는 말이 있다. 문제는 비슷한 표현으로 완전히 반대의 뜻을 가진 표현이 있기 때문에 오히려 더 헷갈릴 수 있다. 예를 들어 a wolf in sheep's clothing은 '양 옷의 늑대' 즉, 양을 잡아먹으려고 양 가죽을 둘러쓴 늑대이기 때문에 경계해야 할 대상이라는 뜻으로, 본 모습은 다르다는 뜻이다.

따라서 '호가호위' 뜻을 제대로 표현하려면 to ride on someone's coattails가 더 적격이다. 즉, coattail은 상의 재킷의 옷자락이고 coattail이 있는 옷은 공식석상에서만 입는다. 그래서 다른 사람의 출세에 편승해 자신은 아무 한 일도 없이 득을 본다는 뜻이다.

111

안하무인(眼下無人)

… 회사 사장이 무서운 표정을 하고 '안하무인'적인 말을 마구 쏟아낸다면 직원들이 과연 제대로 일할 수 있을까 …

••• 뜻풀이 눈에 보이는 사람이 없음. 즉 '지나치게 잘나서 자기밖에 모른다'는 뜻

여러 가지 형용사를 적용시킬 수 있는데 우선 자기밖에 모른다는 뜻으로 self-centered라고 할 수 있으며, 거만하다는 뜻으로는 arrogant, haughty 같은 형용사들이 있다. 사람을 내려다 본다는 뜻으로 supercilious, disdainful도 있다. 남의 말을 잘 안 듣고 무시한다는 뜻으로 scornful, contemptuous도 있다. 또 안하무인이면 위아래가 없으니까 disrespectful이라고도 할 수 있다.

112

벼는 익을수록 고개를 숙인다

… 과거 삼성은 안 되는 것이 없는 회사로 통했지만, 이제 상황은 많이 달라졌다. '벼는 익을수록 고개를 숙인다'. 주위를 돌아보고 자세를 낮추는 모습이야말로 진정한 대한민국 대표 기업, 국민 기업이 되는 길이라고 생각한다 …

••• 뜻풀이 성공할수록 겸손해야 한다

'벼는 익을수록 고개를 숙인다'를 직역하면 The riper the rice plant the lower it bows its head.라고 하면 조금은 이해할 수 있다. 한영 사전에는 The boughs that bear the most hang lowest.라고 나와 있지만 조금 변형해서 The boughs that bear the most fruit hang the lowest.라고 하면 훨씬 더 이해하기가 쉽다.

Ripe과 관련된 관용구들을 살펴보자.

at the ripe old age of 많은 나이

She lived until the ripe old age of 102.

그녀는 102세의 지긋한 나이까지 살았다.

the time is ripe 때가 되었다. ~하기에 적절한 시기이다

The time is ripe for a female president.

여성 대통령이 선출되기에 적절한 시기이다.

113
웃는 낯에 침 뱉으랴

… 우리 민족은 풍류와 해학을 즐기는 민족이어서 임금들도 웃기 위해 웃음 내시를 두었다고 한다. '웃으면 복이 와요'라는 TV 프로그램도 있었으며, 웃음과 관련된 속담도 많다. '웃는 낯에 침 뱉으랴'와 '웃는 거지는 얻어먹을 수 있어도 우는 거지는 얻어먹지 못한다'는 말 속에는 사람들과의 관계 속에서도 웃음이 얼마나 소중한가를 보여주는 좋은 예이다 …

••• 뜻풀이 웃는 것이 좋다

'웃는 낯에 침 뱉으랴'는 표현을 직역해서 You cannot spit on a smiling face.라고 한다면 이해는 한다. 하지만 우아한 표현이라고 볼 수는 없다. 이를 돌려서 A soft answer turns away wrath. '부드러운 대답이 분노를 없앤다.'라고 하면 듣기도 좋다.

Soft가 들어간 표현들을 살펴보자.

to be an easy/soft touch 원하는 대로 쉽게 설득할 수 있는 사람

Now that he's retired he's become a soft touch, but he didn't used to be one.
퇴직한 후에는 설득하기 쉬운 사람이 되었지만 그 전에는 그렇지 않았다.

to be soft on someone 누구를 사모하다 (약간 구식인 표현)

Tom has been soft on Janet since they were teenagers.
탐은 틴에이저 때부터 자넷을 좋아했다.

to have a soft spot for someone/something 이유를 모르면서 그냥 좋아하는 것

I have a soft spot for puppies. 나는 강아지를 그냥 좋아해.

to be soft in the head 바보 (속어)

They say that she's soft in the head but I think she's wise.
사람들은 바보라고 하지만 난 그녀가 지혜롭다고 생각한다.

114
하늘이 무너져도 솟아날 구멍은 있다

… 회사는 부도가 났고 집은 화재로 다 타버렸다. 하지만 '하늘이 무너져도 솟아날 길은 있다'. 건강과 젊음이 있지 않은가. 다시 시작하면 된다 …

●●● 뜻풀이 아무리 역경에 처해 있어도 희망이 있다

이 말을 쉽게 풀어서 '희망은 항상 있다' 즉, There is always hope.라고 할 수 있다. 부연설명을 더 붙이고 싶으면 No matter how dire the situation is, there is always hope. (아무리 상황이 어렵더라도 희망은 항상 있다.)라고 할 수 있다.

Hope와 관련된 관용구들을 살펴보자.

Hope springs eternal. 희망이랑 영원한 것이다.

Cross my heart (and hope to die) 어떤 것이 사실이라고 강조할 때 쓰는 말

I saw Lee Joonki – cross my heart! 나 이준기 봤어- 진짜야!

to not have a chance/hope in hell 전혀 가망이 없다

She doesn't have a hope in hell of becoming a movie star.
그녀는 영화배우가 될 가능성이 전혀 없다.

to hope against hope 가망이 없지만 간절히 원하다

We were hoping against hope that we would win.
우리는 승리를 간절히 원했다.

to live in hope 언젠가는 이루어지기를 바라다

My screenplay has not been accepted, but I live in hope.

내 대본은 채택되지 않았지만 난 희망을 갖고 있다.

to pin your hopes on something/someone 누구한테 기대를 걸다

The people pinned their hopes on the new president.

시민들은 신임 대통령에게 희망을 걸었다.

V. 음식

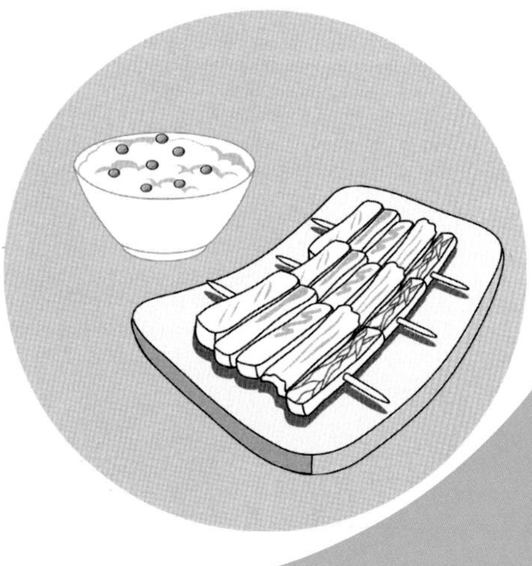

115
보릿고개

… 우리가 지난 날의 '보릿고개'를 벗어나 단군 이래 처음으로 먹을 걱정 안 하고 살아가게 된 것은 불철주야로 일하는 기업인들과 기술자들의 덕이다 …

●●● 뜻풀이 지난날, 묵은 곡식은 떨어지고 보리는 아직 여물지 않아, 농가의 식생활에서 가장 어려움을 겪게 되는 시기

한국 특유의 현상이었기 때문에 간단히 설명할 수밖에 없다. 우선 In Korea, the barley hump was the most difficult time for farmers. Following the autumn harvest, there was usually enough rice and barley to eat up until the end of winter and beginning of spring, when the new crops had yet to be harvested. It was the most difficult time to bear and the elderly and sick often did not make it over the barley hump.

Hump는 낙타 또는 동물들에게 있는 혹이나 낙타봉인 경우에 사용하고, 사람인 경우에 등에 생기는 혹을 말할 수 있다. 속어로는 성교라는 뜻도 있다.

관용구 중 hump가 들어가는 표현들을 살펴보자.

to be over the hump 어려운 시기를 넘기다.

I'm over the hump so I'll be able to work from tomorrow.
어려운 시기를 넘겼으니까 내일부터는 일을 할 수 있을 것 같다.

hump day 수요일 (일주일에 한 가운데 있어 고비이기 때문에)

I'm always glad when it's hump day because then it's only two days until the weekend!

수요일일 때는 항상 기쁘다. 왜냐하면 주말까지 이틀밖에 남지 않았기 때문이다.

116
신토불이(身土不二)

… 최근 먹고 사는 걱정거리가 줄어들자 웰빙에 대한 관심이 높아지면서 토종닭, 토종꿀과 같은 좋은 먹거리를 즐기게 됐다. 한때 괄시 받던 토종이 몸에 좋다고 '신토불이'가 유행어로 회자됐다 …

••• 뜻풀이 자기의 몸과 태어난 땅은 서로 뗄 수 없는 것이라는 말. 무역 개방화로 들어오는 외국 농수산품에 대해 우리 땅에서 나는 먹거리가 우리 몸에 좋다는 것을 강조하기 위해 이른 말

신토불이를 직역하면 the land and my body cannot be separated.라고 할 수 있다. 또 영어 표현 중 You are what you eat.는 '네가 먹은 것이 바로 너다.'라는 뜻인데 이 표현을 원용하여 It is important to us to eat what has been grown on our land. 우리 토지에서 농사지은 것을 먹는 것이 중요하다. 라고 설명해도 좋다.

117
떡 줄 사람은 생각도 않는데 김칫국부터 마신다

… 부동산 값이 다시 들썩이는 가운데 8 · 31 부동산 종합대책을 만든 공무원들에 대한 대규모 포상이 입에 오르내리며 논란을 빚고 있다. 정책 효과가 시장에서 아직 제대로 검증되지도 않았는데 '김칫국부터 마신다'는 비판이 나온 것이다 …

●●● 뜻풀이 일이 되기도 전에 성취한 것처럼 앞서 가는 것

알이 부화도 하기 전에 병아리가 몇 마리인지 세는 것과 마찬가지다.

To count your chickens before they're hatched.

병아리 얘기가 나왔으니 chicken과 관련된 관용구들을 살펴보자.

사람한테 chicken이라고 부르면 '겁쟁이'라는 뜻이고 특히 어린아이들 사이에 많이 사용한다.

Why don't you jump in the lake? Are you chicken?

왜 호수에 뛰어들지 않니? 겁쟁이니?

Chicken feed라고 하면 '적은 액수'라는 뜻이며 몇 푼 안 된다는 표현으로 peanuts '땅콩'이라는 표현을 쓰기도 하는 데 같은 뜻이다.

I worked hard because I thought that the boss would give me a big bonus, but all he gave me was chicken feed.

사장님이 큰 보너스를 줄 거라고 생각해서 열심히 일 했는데 몇 푼도 안되더라.

to chicken out ~ 겁이 나서 어떤 일에서 빠져 나오는 것.

I knew that he would chicken out of the deal at the last minute.

마지막 순간에 빠져 나갈 줄 알았어.

118
궁한 판에 찬밥 더운밥 가리랴

… 그러나 미래에 대한 불안감으로 가득한 지금의 여당은 찬밥, 더운밥을 가릴 여유가 없어 보인다 …

●●● 뜻풀이 어려운 처지에서는 조건을 따지지 않는다는 뜻

영어로는 '거지 입장에서 골라 먹을 수 없지 않느냐' 즉, Beggars can't be choosers.라고 하며 많이 쓰이는 표현이다.

거지 얘기가 나왔으니 beggar가 들어간 표현들을 살펴보자.

to beggar belief 믿기 어려운 것

He says that he wrote 400 books, but I think that beggars belief.
그는 자신이 책을 400권이나 썼다고 하는데 좀 믿기 어려운 데.

to beggar description 말로 표현을 할 수 없는

Her beauty beggars description.
그녀의 아름다움은 뭐라 다 형언할 수 없었다.

beggar-my-neighbor 상대편 패를 뺏으면 이기는 카드 게임

보호주의적인 정치 정책을 뜻하기도 한다.

119
구더기 무서워 장 못 담글까

… 막대한 기금을 내놓기만 하고 그 사용처나 운용 주체에 대해서 언급하지 않은 삼성의 태도에 대해 많은 질책이 따랐다. 더 이상 눈치 볼 것 없이 삼성이 내 놓은 기금의 해법까지 스스로 제시하는 게 과거를 진실로 뉘우치고 사회에 공헌하는 지름길일 수도 있다고 생각한다. '구더기 무서워 장 못 담글까'라는 옛말도 있듯이 진정한 참회의 뜻만 있다면 기금을 올바르게 쓸 길은 얼마든지 있다 …

••• 뜻풀이 다소 방해되는 일이 있다 하더라도 마땅히 할 일은 해야 한다

이 표현은 직역을 한다 해도 즉석에서는 힘들고 몇 분 정도의 시간이 필요하다. 일단은 장, 즉 된장에 대해 알아야 하기 때문이다. 요즘은 외국 사람들도 미소, 즉 일본 된장은 잘 알지만 된장을 담그는 과정은 잘 모른다. 뿐만 아니라 담그는 과정에서 구더기가 생길 수 있다는 것도 모르고 만약에 설명을 하게 된다면 다시는 안 먹을 것이다!

그렇다면 이 난국을 어떻게 헤쳐나가나. 모든 문제에는 해결방안이 있다. If you can't stand the heat, get out of the kitchen.이라는 표현을 쓰는 것이 좋다. 다시 말해 '뜨거운 열기가 싫으면 부엌에서 나가라'라는 뜻이다. 즉, 요리를 하다가 보면 당연히 더워지는데 조금 덥다고 투덜대면 좋은 결과를 얻을 수 없으니 조금 참아 좋은 결과를 얻으라는 뜻이다.

부엌 얘기가 나오니 kitchen과 관련된 표현들을 살펴보자.

Everything but the kitchen sink. 약간 웃기려고 쓰는 표현으로 직역하면 '부엌 싱크대만 제외하고 나머지 모두 다'라는 뜻이지만 실은 필요 없는 것이 많다는 뜻이다.

We went away for the weekend and my wife packed everything but the kitchen sink. 주말여행을 갔는데 아내가 불필요한 물건을 너무 많이 싸 갔었다.

kitchen cabinet 비공식 내각, 비공식 정보전달 통로

cabinet이 정부 내각을 뜻하는데서 유래한 표현이다. 즉, 대통령과 어떤 사적 이해관계나 정치적인 관계로도 얽혀 있지 않아 여론을 전달하는 통로 역할을 하는 사람들을 지칭한다.

120
가뭄에 콩 나듯

… 북한을 다녀온 사람들의 말을 종합하면 차량이 드물어 '가뭄에 콩 나듯' 가끔 한두 대 지나갈 뿐이라고 한다 …

●●● 뜻풀이 아주 드물게, 거의 없다

'가뭄에 콩 나듯'을 직역하면 like a bean sprouting in a drought 이지만 잘 이해하기 힘들기 때문에 차라리 once in a blue moon '파란 달이 뜰 때에 한 번' 이라는 표현을 쓰면 뜻이 통한다. 왜냐하면 blue moon 즉 '파란 달'은 실제 없기 때문에 '거의 없다'는 뜻이 된다.

속어로 to moon somebody라고 하면 '엉덩이를 보여주는 것'이라는 뜻이다. 특히 미국 대학생들은 재미(?) 삼아 바지를 내리고 엉덩이를 보여주는 행동을 할 때가 있다.

예를 들어, Frank mooned the girls just to get their attention.
프랭크는 여학생들의 관심을 끌기 위해 엉덩이를 내보였다.

to moon about/around 힘없이 우울하게 처져있는

Jennifer has been mooning about the house ever since she broke up with Tom.
톰하고 헤어지고 난 후에 제니퍼는 집에 처져 있었다.

121
금강산도 식후경

… 여행 중에는 미리 어느 음식점이 좋은지 알아보고 찾아가는 것이 좋겠지만 그렇지 못할 경우에는 손님들이 많이 모여드는 식당을 찾아 가는것도 한 방법이다. 우리 속담에 '금강산도 식후경'이라는 말이 있지 않은가. 보고 즐기는 것 만큼이나 맛있는 음식도 즐거운 여행에 중요하다 …

●●● 뜻풀이 아무리 좋은 것도 배가 고프면 소용이 없다. 무엇을 해도 밥을 먹은 후에 한다.

이 표현을 한영 사전에서 찾아보면 Bread is better than the song of birds.(빵이 새들의 노래보다 낫다.)라고 되어 있지만 금방 이해하기가 좀 힘들 것 같다. 차라리 First things first.(먼저 할 것부터 한다.) 다시 말해, 먼저 해야 할 일은 밥부터 먹는 것이고 그 다음에 다른 것을 해야 한다는 것이다.

일을 하다가 '금강산도 식후경'이라고 하면 We can't work on an empty stomach!(빈속으로 일을 못한다.)라고 표현해도 좋다.

먹는 것과 관련된 격언들이 많은 데 여기서 짚고 넘어가 보자.

Never work before breakfast; if you have to work before breakfast, eat your breakfast first.
아침 먹기 전에 절대로 일을 하지 말아라. 만약에 아침 먹기 전에 일을 해야 하면 먼저 아침을 먹어라.

Hunger is the best sauce in the world. (세르반테스)
시장이 최고의 반찬이다.

Great food is like great sex. The more you have the more you want.
좋은 음식은 좋은 섹스와 같다. 더 많이 가질수록 더 많이 원한다.

You are what you eat. For example, if you eat garlic you're apt to be a hermit. 당신이 먹는 것이 바로 당신이다. 예를 들어, 마늘을 먹으면 아마도 은둔자일 것이다. You are what you eat.는 흔히 많이 쓰는 표현이다.

Tell me what you eat, I'll tell you who you are.
당신이 무엇을 먹는지 말해다오. 그러면 난 당신이 누구인지 얘기 해주마.

The more you eat, the less flavor; the less you eat, the more flavor.
(중국 속담) 많이 먹을수록 맛이 덜 하고 적게 먹을수록 맛이 더 하다.

All sorrows are less with bread. (세르반테스)
그 어떤 슬픔도 빵하고 같이 하면 덜 하다. 즉, 배가 부르면 슬픔도 덜한다.

He that eats till he is sick must fast till he is well. (영국 속담)
아플 때까지 먹는 자는 다 나을 때까지 금식해야 한다.

Bread and butter, devoid of charm in the drawing-room, is ambrosia eating under a tree.
빵과 버터는 거실에서는 아무런 매력이 없지만 나무 밑에서 먹으면 꿀 맛이다. 즉, 무엇을 먹는 것이 중요한 것이 아니라 어디서 먹는 것이 중요하다는 뜻.

122
수박 겉핥기

… 올해는 애로 상황 발굴 공무원에 대해 혁신 마일리지를 부여하고 정부 포상을 추진하는 등 인센티브를 제공할 방침이라고 하지만 이 정책이 '수박 겉 핥기'식으로 흐르고 있지 않느냐고 지적하는 중소기업인들의 목소리가 갈수록 높아지고 있다 …

●●● 뜻풀이 피상적으로

'수박 겉 핥기'는 영어로 superficial, shallow, skin-deep으로 표현할 수 있다.

Skin-deep이 들어간 표현으로 가장 널리 알려 표현은 '아름다움은 표면적인 것' 이라는 뜻의 Beauty is only skin deep.이다.

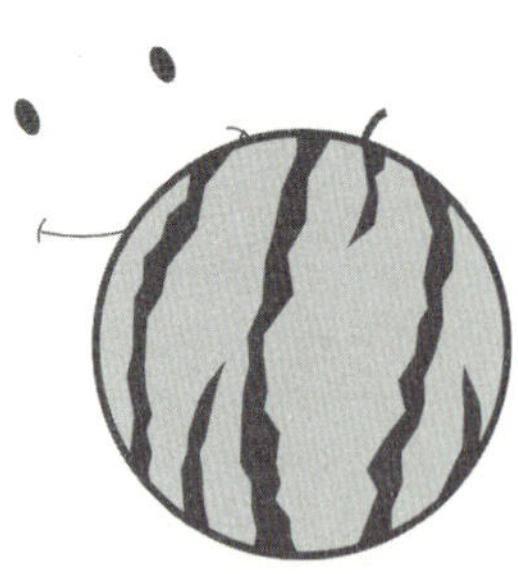

123
식은 죽 먹기

··· 장애의 몸이지만 20여년간을 그림 그리기에 몰두했더니 이제는 붓을 입에 꽂고 그리는 일이 '식은 죽 먹기'라고 설명한다 ···

●●● 뜻풀이 뜨거운 죽은 먹기 힘들지만 다 식은 죽은 먹기가 쉽다. '쉬운 일'

요즘은 외국 사람들도 죽을 많이 먹기 때문에 직역을 해서 as easy as eating cold congee 또는 as easy as eating cold porridge라고 해도 이해 할 수 있다.

하지만 영어로는 흔히 It's a piece of cake!라고 하는 데 '매우 쉽다'는 뜻이다.

Cake와 관련된 관용구들을 살펴보자.

to go/sell like hotcakes 아주 잘 팔리는 것

Korean CDs are selling like hotcakes in Asia.
아시아에서 한국 CD가 아주 잘 팔린다.

to have your cake and eat it (too) 동시에 가질 수 없는 것을 갖는 것

You can't have your cake and eat it too. If you want better government services, you have to pay more taxes.
모든 것을 다 가질 수는 없다. 보다 나은 정부 서비스를 원한다면 세금을 더 내야 한다.

icing on the cake 금상첨화

Just being nominated for the Oscars was an honor, but actually receiving it was icing on the cake.

아카데미상 후보가 된 것만으로도 영광이었는데 실제로 수상을 하게 되니 금상첨화이다.

to take the cake 그 전에 했던 것보다 더 안 좋은

Now she even reads my diary – that really takes the cake!

이제는 내 일기까지 읽고 있어. 정말 해도해도 너무 했어!

'Let them eat cake.' 먹을 빵이 없으면 케이크라도 먹으라고 해.

이 표현은 루이 14세의 부인인 마리 앙트와네트가 한 말로 널리 알려져 있다. 프랑스 시민들이 배가 고파 혁명을 일으키러 베르사이유 궁 앞으로 몰려갔을 때 마리 앙트와네트가 했다고 하나 실은 프랑스 철학자 루소가 '고백'이라는 책에 쓴 표현이다. 일반 빵보다 케이크가 더 비싸 빵을 못 먹을 정도면 당연히 케이크는 못 먹는데 실정을 모르는 왕비라 이런 넌센스를 말했다는 것이다.

124
약방의 감초

… 석면은 화산활동 때 용암이 응고하면서 생기는 천연 광물로 불에 타지도 잘 마모되지도 않는다. 그래서 발견 이래 기적의 광물로 통해왔을 뿐만 아니라 건물을 지을 땐 늘 '약방의 감초' 격이었다 …

••• 뜻풀이 안 끼는 데가 없음

'약방의 감초'를 한영 사전에서 찾아보면 jack of all trades라고 나와 있지만 이는 '모든 일을 잘 하는 사람'이라는 뜻이기 때문에, 상황에 따라서는 '약방의 감초'라는 뜻으로도 쓰일 수 있으나 그렇지 않은 경우가 더 많다.

이 표현을 부정적으로 표현하고 싶으면 다시 말해 모든 일에 끼어 드는 사람의 뜻으로 쓰고 싶으면 busybody라고 하면 좋다.

다른 사람의 일에 끼어들기 좋아하는 사람의 뜻이면서 꼭 필요한 경우라는 뜻으로는 indispensable이라고 할 수 있다.

위의 예문에 나왔던 것처럼 "건물을 지을 땐 약방의 감초 격이었다."는 문장은 It was invariably used in construction.이라고 하면 '건물을 지을 때 늘 사용되었다'는 뜻이 된다.

125
울며 겨자 먹기

… 대기업이 납품권을 보장한다며 하청업체가 개발한 기술을 공동 특허 출원하자고 요구하는 경우 공유 특허권자가 된 대기업이 하청업체의 허락 없이 특허를 마음대로 사용할 수 있다. 사실상 특허를 빼앗기는 거나 마찬가지지만 납품을 계속하려는 중소기업으로선 '울며 겨자 먹기' 식으로 응하는 경우를 종종 본다 …

••• 뜻풀이 마지 못해

'울며 겨자 먹기'를 직역 하면 to cry while eating mustard 이지만 영어권 사람들이 들으면 무슨 뜻인지 전혀 이해를 못할 것이다.

핫도그, 햄버거 등에 쳐서 먹는 미국 겨자는 순하기 때문에 겨자가 맵다는 생각을 안 한다. 이 경우에는 to face the consequences (결과를 직면하다) 또는 같은 뜻 관용구로는 to face the music도 있다.

'서로 마주 하다', '직면하다'의 face 관련 관용구들을 살펴보자.

face to face 얼굴을 보면서

Could we meet face to face to talk about this?
직접 만나서 얘기하면 어떨까요?

to (put in) face time 눈 도장

Even if you're a salesman, it's important to put in some face time at the office. 외판원이더라도 사무실에 눈 도장을 찍는 것이 중요하다.

to save face 체면 살리다

Even though they went bankrupt, they feel that it's important to save face.

파산했는데도 체면 살리는 것이 중요하다고 생각한다.

to do an about-face 180도 바뀌다

He said that he agreed with me and then in the meeting he did an about-face.

나랑 같은 생각이라고 하더니 회의 때는 입장을 180도 바꾸었다.

126
작은 고추가 맵다

… 대기업처럼 화려한 명성을 자랑하거나 덩치가 큰 것은 아니지만, 내실 경영과 한 우물을 파는 장인 정신으로 조용히 국가경제 발전에 기여하는 작지만 강한기업들이 있다. 종업원이나 매출액 규모에서 대기업과는 비교할 수 없이 작다. 하지만 이들의 실력은 대기업에 버금가 '작은 고추가 맵다'는 말이 잘어울린다 …

●●● 뜻풀이 작지만 세다

미국에서는 고추를 많이 먹지 않기 때문에 '작은 고추가 맵다' 표현을 직역해서 Small peppers are hot.이라고 얘기를 하면 그 뜻이 잘 이해가 안 될 수 있다.

참고로, 미국에서는 뭐든지 큰 것이 좋다고 생각하는 경향이 있어서 The bigger, the better '클수록 좋다' 라는 표현이 있는데 Good things come in small packages. '좋은 것은 작은 상자에 담겨 있다' 라는 표현도 있어서 '작은 고추가 맵다' 라는 뜻으로 쓸 수 있다.

Small과 관련된 격언들을 살펴보자.

Worry often gives a small thing a big shadow. (스웨덴 속담)
근심은 많은 경우에는 작은 것에 큰 그림자를 생기게 한다.

The biggest problem in the world could have been solved when it was small.
이 세상에서 제일 큰 문제가 작았을 때는 해결 할 수 있었을 텐데.

Watch the little things; a small leak will sink a great ship.
작은 것을 신경 써라. 새는 작은 구멍이 큰 배를 침몰하게 할 수 있다.

Think big thoughts but relish small pleasures.
생각은 크게 하고 작은 기쁨을 만끽해라.

Don't be afraid to give your best to what seemingly are small jobs. Every time you conquer one it makes you that much stronger. If you do the little jobs well, the big ones will tend to take care of themselves.
얼핏 보기에 작은 일에 최선을 다 하는 것을 두려워하지 마라. 작은 일을 정복할 때마다 그만큼 더 강해진다. 작은 일을 잘 하면, 큰 일들은 저절로 해결된다.

127
취중진담

… "음식점 여주인인줄 착각했다"는 말은, 음식점 여주인에게는 언제든지 추행할 수 있다는 인식이 없이는 절대 나올 수 없는 말이다. 더우기 부지불식 간에 튀어 나온 '취중진담'이었기에 그 파장은 더욱 컸다 …

●●● 뜻풀이 술에 취하게 되면 평소에 가졌던 생각이 언행에 나타난다는 말

'취중진담'을 영어로 표현하면 There is truth in wine. 즉 포도주에는 진실이 있다.라고 한다.

그리고 라틴어로 in vino veritas이라고 한다. 라틴어는 미국에서보다 유럽에서 많이 사용하는데 vino는 지금도 이태리어로 포도주라는 뜻이고 veritas의 어원은 veritable 등과 같은 단어에서 사용되기 때문에 쉽게 뜻을 이해할 수 있다.

포도주와 관련된 격언을 살펴보자.

When the wine goes in, strange things come out.
포도주가 들어가면 이상한 것이 나온다.

This is one of the disadvantages of wine: it makes a man mistake words for thought. 이것이 바로 포도주의 불편한 점이다. 말을 생각으로 착각하게 만든다.

When the wine is in, the wit is out.
포도주가 들어가면, 지혜가 나간다.

If you wish to keep your affairs secret, drink no wine.
당신의 일에 대해 비밀을 지키고 싶으면 포도주를 마시지 마라.

128

콩 심은 데 콩 나고, 팥 심은 데 팥 난다

… 농사는 땀 흘리고 노력한 만큼 거둔다고 한다. '콩 심은 데 콩 나고, 팥 심은 데 팥 난다'는 말이 있고 봄에 반드시 씨앗을 뿌려야만 가을에 수확을 할 수 있다. 세상만사가 다 그러한 것이다 …

●●● 뜻풀이 자신이 행동한대로 결과가 따른다

자신이 행한대로 결과를 거둔다 즉 '씨를 뿌린대로 거두어들인다'라는 뜻으로 You reap what you sow.라는 표현이 있다.

Sow와 관련된 관용구들을 살펴보자.

to sow (one's) oats / to sow wild oats 젊었을 때 무차별하게 관계를 맺는 것

Harry sowed his wild oats when he was young. Now, he's settled down.
해리는 젊었을 때 무차별하게 관계를 맺었지만 이제는 자리를 잡고 안정됐어.

to sow the seeds of something 현재 행동으로 향후 안 좋은 일이 생기는 것

He is sowing the seeds of his downfall by fighting with everybody.
그는 보는 사람마다 싸워서 나중에 그가 전락할 수 밖에 없을 것이다.

위에 나온 '뿌리다'는 뜻의 sow의 발음은 so하고 같다. 하지만 암퇘지도 sow라고 하는 데 발음이 다르다. <싸우>와 비슷하게 발음되는 점에 주의해야 한다.

129

팥으로 메주를 쑨대도 믿는다

… 같은 품질의 옷을 남보다 대폭 싼 가격에 팔았기 때문에 그의 가게에는 손님들이 밀려들었다. 옷을 싸게 만들려고 '대량 구입, 대량 매도'의 원칙을 지켰으며 모든 결제는 현금으로 했다. 특히 신용을 목숨처럼 지키려 노력 했기 때문에 같이 거래하는 파트너들은 그가 '팥으로 메주를 쑨대도 믿는다' …

●●● 뜻풀이 절대적으로 신임한다, 굳게 믿는다

남의 말을 쉽게 믿는 사람을 보고 gullible하다고 한다. 그 외에 구어체로는 sucker라는 단어도 있다. You could sell him the Brooklyn Bridge.(브룩클린 다리를 살 사람이다.)라는 표현도 있다. 브룩클린 다리는 팔지도 못하고 사지도 못하는 공공 시설물인데도 불구하고 돈을 주고 살 사람이면 얼마나 속이기 쉬울 사람일까!

He could sell the Brooklyn Bridge.라고 하면 '상당히 설득력 있는 사람'이라는 뜻이고, He tried to sell the Brooklyn Bridge.라고 하면 그는 '사기꾼'이라는 뜻이다.

이와 같은 뜻을 가진 격언들을 살펴보자.

There's a sucker born every minute.
잘 속는 사람이 매 분 태어나고 있다. 즉, 사람들은 잘 속는다.
George Hull이 한 말인데, 미국의 서커스 거장인 P.T. Barnum이 얘기한 걸로 잘못 알고 있는 사람들이 많다.

Fame is proof that the people are gullible.
명성이란 사람들을 쉽게 속일 수 있다는 것을 증명한다.

Ⅵ. 사람

130

피골상접(皮骨相接)

… 얼마 전 TV를 통해 비춰진 지율 스님의 모습은 실로 참담했다. '피골이 상접'한 모습에 아직 호흡이 붙어 있다는 것이 차라리 놀라왔으며, 성인 여성의 체중이 26㎏이란 사실은 어느 언론사에서 제기한 위장 단식 의혹을 해소해주고도 남았다 …

••• 뜻풀이 살가죽과 뼈가 맞붙을 정도로 몹시 마름

'피골상접'을 직역하면 skin and bones인데 영어로도 같은 어휘를 사용한다. 예를 들어, After fasting for two weeks, he was just skin and bones. 즉, 그는 2주 동안 단식하더니 피골이 상접했다.

다 같은 '날씬한', '마른'의 뜻으로 사용하지만 뉘앙스가 다른 단어들이 있다. Lean, thin은 보기 좋게 날씬한 사람이고, skinny부터는 보기에도 안 좋으며, gaunt과 emaciated는 병자같이 비쩍 마른 사람이다.

참고로 skin과 관련된 표현을 살펴보면 '미(美)는 표면적인 것인 반면 추(醜)한 것은 뼈 속 깊이까지 간다'라는 뜻으로 Beauty is only skin deep but ugly goes straight to the bone. 표현이 있다.

Sticks and stones may break my bones but words will never hurt me. 어린 아이들이 친구로부터 놀림감이 될 때 하는 말로 그 뜻은 '막대기나 돌로 맞으면 내 뼈가 부서지겠지만 말로는 나는 다치지는 않는다.'이다.

131
누이 좋고 매부 좋고

… 버려진 시간의 적극적인 활용은 사회적 자산인 공연장의 기능을 극대화해 시민들에게 되돌려 주는 일이다. 주부들을 위한 다양한 프로그램을 개발해 나갈 수 있으며, 공연도 보여 준다면 생활 속에서 문화를 즐기는 풍토를 공연장이 만들어 줄 수 있으리라 생각한다. 나아가 프로그램만 만들어 놓고 홍보 안 되면 망하게 방치하는 것이 아니라 아파트 부녀회와 연계하여 대폭 할인도 해 주는 마케팅 방식을 도입한다면 말 그대로 '누이 좋고 매부 좋고'다 …

••• 뜻풀이 좋은 게 좋은 것이라는 말과 같다. 누이와 매부는 부부지간이므로 누이 집에 경사가 생기거나 재물이 들어오면 그 부부 즉 누이와 매부에게 서로 좋은 일이라는 뜻이다. 유사한 뜻을 가진 속담으로 "꿩 먹고 알 먹는다", "임도 보고 뽕도 딴다", "도랑치고 가재 잡는다" 등이 있는데 우리 조상들의 기지를 엿볼 수 있는 표현들이다

Goose는 암컷 거위이고 gander는 수컷이라서 암컷한테 좋은 것은 수컷한테도 좋다는 뜻으로 '누이 좋고 매부 좋고'는 What's good for the goose is good for the gander.라고 표현하면 좋다.

미국에서 어린 아이들이 하는 놀이 중에 Duck, duck, goose 라는 놀이가 있다. 아이들이 큰 원으로 앉아서 'it' 즉, 술래인 아이는 손수건을 가지고 원을 따라 돌면서 다른 아이들의 머리 위를 살짝 만지면서 duck, duck, duck, duck... 하다가 goose!라고 외치면서 손수건을 그 아이 뒤에 던지고 난 다음에 원을 따라 한 바퀴 뛴다. Goose를 당한 아이가 술래를 잡으면 술래가 계속하고, 만약에 술래가 안 잡히고 빈 자리까지 뛰어 오면 술래가 바뀌는 것이다.

132
장삼이사(張三李四)

… 6자 회담도 개최되고 북한의 최고 권력자가 중국을 방문하고 발전상에 놀랐다 하여 북한에 큰 변화가 있으리라고 기대하는 사람들이 있는 것 같다. 우리 국민만 해도 이미 '장삼이사'까지 중국을 경험했다 …

●●● 뜻풀이 보통의 평범한 사람

'장삼이사'는 보통 사람이라는 뜻이므로 간단히 everybody라고 할 수 있고 경우에 따라 the public이라고 할 수 있다. 조금 부정적인 뉘앙스로 쓰이는 표현은 every Tom, Dick and Harry가 있다. 미국에서 쉽게 접할 수 있는 흔한 남자 이름들이며 '어중이 떠중이'라는 뜻이다.

예를 들어, I asked every Tom, Dick and Harry on the street but nobody could tell me where Taylor Road is. (길거리에 지나가는 사람에게 다 물었는데 아무도 테일러 길이 어디에 있는지 모르더라.)

모든 사람들 하면 보통 everybody라고 하지만 '모든 사람들 전부 다'처럼 보다 더 강조하고 싶으면 everybody and their uncle이라고 표현하면 좋다.

In Korea, everybody and their uncle has a cell phone.
한국에는 휴대폰 없는 사람이 없다.

133
경거망동(輕擧妄動)

… 문화연대는 오늘 재정경제부 차관의 스크린 쿼터 발언과 관련해 논평을 내고 스크린쿼터 축소 음모를 꾸미는 세력의 '경거망동'에 엄중한 경고를 보낸다고 밝혔습니다 …

●●● 뜻풀이 경솔하게 함부로 행동함, 또는 그런 행동

별 생각 없이 한 행동을 보고 영어로는 a rash and thoughtless act이라고 한다.

경거망동하는 사람에게 신중하라고 말하려면 다음과 같이 조언하면 된다.

Think twice 신중히 생각하라

예를 들어, Think twice before you speak. 말하기 전에 신중히 생각해라. 또는 Think before you act. 행동하기 전에 생각해라.

Think과 관련된 관용구를 살펴보자.

to think the world of someone 누구를 무척 좋아하거나 존경하다

All the students thought the world of their teacher.
학생들이 선생님을 무척 좋아하고 존경했다.

to think you are God's gift to womankind 자신이 너무 잘나서 모든 여자들이 자기를 좋아한다고 생각하는 것

Look at the way he acts! He thinks he's God's gift to womankind!
행동하는걸 좀 봐! 모든 여자가 자기를 좋아하는 줄 알아!

to think something through 중요한 결정을 내리기 전에 꼼꼼하게 생각하다

Did you think the plan through carefully? We don't want to make any mistakes.
계획을 꼼꼼하게 다 따졌어? 실수하면 안 된다.

to think outside the box 새롭고 창조적인 생각을 하는 것

The only way to beat your competitors is to think outside the box.
경쟁자를 이길 수 있는 유일한 방법은 새롭고 창조적으로 생각하는 것이다.

Think positive! 긍정적으로 생각해라!

134
환골탈태(換骨奪胎)

… 한국을 바꾸겠다거나 여당을 '환골탈태'시키겠다는 비전은 차치하고라도 젊다는 것 말고 기성세대 정치인들과 다른 것이 무엇인지 차별성이 전혀 드러나지 않는다 …

●●● 뜻풀이 뼈를 바꾸고 태(胎)를 빼앗는다는 뜻

'다 바꾼다'는 뜻으로 쉽게 to adapt, to modify라고 할 수 있다. 또는 to revamp라고 표현할 수 있다. 최근에는 텔레비젼 프로그램도 있는데 미운 오리가 백조가 되는 프로그램으로 complete makeover라고 한다.

그 반대의 뜻으로 '아무리 바꾸려고 해도 속은 그대로'라는 뜻으로 A leopard can't change its spots. 즉, '표범은 점을 바꿀 수 없다'는 뜻이다.

'변화'와 관련된 격언을 살펴보자.

He who rejects change is the architect of decay. The only human institution which rejects progress is the cemetery.
변화를 거부하는 자는 부패의 건설자이다. 발전을 거부하는 유일한 인간의 제도는 묘지이다.

Just because everything is different doesn't mean anything has changed.
모든 것이 다르기 때문에 모든 것이 변했다는 뜻은 아니다.

You can't stand in the way of progress.
발전을 막을 수 없다.

135
신상필벌(信賞必罰)

… 인사의 기본은 '신상필벌'이라고 생각한다. 서로 같은 편이면 무슨 일을 해도 괜찮고, 그렇지 않으면 괘씸죄로 몰아 응징하는 위원회라면 과연 민주적인 기구라고 자처할 수 있을까 …

●●● 뜻풀이 상을 줄 만한 사람에게는 꼭 상을 주고, 벌을 줄 만한 사람에게는 꼭 벌을 준다는 뜻. 상벌을 규정대로 분명하게 함을 이르는 말

'신상필벌'에 해당하는 just reward이라는 표현이 있다. 마땅히 받은 상이라는 뜻이지만 마땅히 받은 벌이라는 뜻도 된다. 즉, 받을 것을 받았다는 뜻이다.

He got his just reward. 받을 것을 받았다.

'받을 만한 상이고 받을 만한 벌'을 풀어서 애기하면 reward a good deed and punish a misdeed이라고 해도 된다.

이 맥락에서 상과 벌 혹은 미덕과 악덕에 대한 격언을 살펴보자.

If we escape punishment for our vices, why should we complain if we are not rewarded for our virtues?
우리의 악덕에 대해 벌을 피할 수 있다면 우리의 미덕에 대해 보상을 받지 않은 것에 대해 불평을 할 수 있나?

In nature, there are neither rewards nor punishments; there are consequences.
자연에서는 보상과 벌이 없다 결과만 있을 뿐이다.

Virtue is its own reward. 덕은 그 자체로 보상이다.

136
선무당이 사람 잡는다

… 아직 괘도에 오르지 않은 상태에서 겁없이 사람의 생명을 다룬다면 위험하기 짝이 없을 것이다. '선무당이 사람 잡는다'는 말이 있듯이 우리는 숙련되지 않은 상태에서는 돌다리도 두드리고 건너듯이 매사 조심스럽게 임해야 한다 …

●●● 뜻풀이 잘 모르는 사람이 일을 저지른다

같은 의미로 A little knowledge is a dangerous thing.이라고 할 수 있다. 아니면 '미숙한 일꾼은 연장 탓한다.' 고 말할 수 있다. A bad workman quarrels with his tools. He is not a mason who refuses a stone. 도 역시 같은 뜻으로 '돌을 마다하는 석공은 진정한 석공이 아니다.'

무지나 지혜와 관련된 격언은 실로 많다.

It is impossible to defeat an ignorant man in argument.
무지한 사람을 논쟁에서 이기는 것은 불가능하다.

A little learning is a dangerous thing, but a lot of ignorance is just as bad. 조금 배우는 것이 위험하지만 많은 무지도 그만큼 나쁘다.

The trouble with the world is that the stupid are cocksure and the intelligent are full of doubt. (러셀)
문제는 무지한 자들은 자신만만하고 똑똑한 자들은 의심에 가득 차 있다.

Some folks are wise and some are otherwise.
어떤 사람들은 지혜롭고 어떤 사람들은 그렇지 못하다.

You can be sincere and still be stupid.
성실하면서 바보일 수도 있다.

Everybody is ignorant, only on different subjects.
모두가 무지하다. 무지한 주제들이 다르다는 것뿐이다.

Only two things are infinite, the universe and human stupidity, and I'm not sure about the former. (아인슈타인)
이 세상에 두 가지만 무한하다 - 우주와 인간의 무지이다. 그리고 우주의 무한함에 대해서는 확실하지 않다.

The most violent element in society is ignorance.
사회의 제일 폭력적인 요소는 무지이다.

137
팔방미인(八方美人)

… 심사장은 호텔경영인이면서도 세계 술문화에 대한 해박한 지식뿐만 아니라 가무에도 능한 그야말로 '팔방미인' 기업인이다 …

••• 뜻풀이 ① 어느 모로 보나 아름다운 사람 ② 누구에게나 잘 보이도록 처세하는 사람 ③ 여러 방면 일에 능통한 사람 ④ 온갖 일에 손을 대는 사람을 조롱하여 이르는 말

'모든 면에서 아름다운 사람'은 a beauty in every respect, '모든 사람의 친구란 어느 누구와도 친구가 못 된다'는 A friend to everybody is a friend to nobody.

'매사에 능통한 사람'은 Jack of all trades, '모든 일을 조금씩 잘 하지만 제대로 잘 하는 것은 하나도 없다.'는 Jack of all trades and master of none.

Beauty와 관련된 격언을 살펴보자.

The best and most beautiful things in the world cannot be seen nor touched... but are felt in the heart. (헬렌 켈러)

이 세상에서 최고이고 제일 아름다운 것들은 보지도 못하고 만질 수도 없지만 마음으로 느껴진다.

A thing of beauty is a joy forever.

아름다운 것은 영원히 즐거움을 준다.

I've never seen a smiling face that was not beautiful.
아름답지 않은 웃는 얼굴을 본 적이 없다.

By plucking her petals, you do not gather the beauty of the flower.
(타고르) 꽃잎을 따면서 꽃의 아름다움을 모으지는 않는다.

Beauty is not in the face, beauty is a light in the heart.
아름다움은 얼굴에 있지 않다, 아름다움은 마음 속의 빛이다.

138
이전투구(泥田鬪狗)

… 서울시장 외부 후보 영입론이 수그러들지 않자 그 동안 결연한 의지를 보였던 두 후보는 상대방이 앞선 것으로 나오는 여론조사 결과에 대해서는 "조작됐다. 신뢰할 수 없다"며 '이전투구'를 벌였다 …

●●● 뜻풀이 '볼썽사납게 서로 헐뜯거나 다투는 모양'을 비유하여 이르는 말

서로 다투는 사이 즉 '견원지간'이라고 표현하려면 to fight like cats and dogs라고 하는 것이 좋다.

싸움과 관련된 관용구를 살펴보자.

an uphill battle/fight/struggle 다른 사람들의 방해작전 때문에 어려운 일

Trying to get people to use public transportation is an uphill battle.
사람들한테 대중교통을 더 많이 사용하도록 하는 것은 어려운 일이다.

to be fighting mad 무척 화난

Dad will be fighting mad when he hears about your car accident.
차 사고 소식을 들으면 아버지가 무척 화를 낼 것이다.

to spoil for a fight 싸움을 하려고 하는

The demonstrators were spoiling for a fight with the police.
데모하는 사람들은 경찰과 싸우려고 했다.

a fighting chance 희박한 희망

If we raise enough money, we have a fighting chance to save the museum.

우리가 모금을 충분히 하면 박물관을 살릴 수도 있을 것 같다.

to pick a fight with someone 시비를 걸다

He's been picking a fight with me ever since he came to this school.

이 학교로 온 이후 계속 시비를 걸었다.

139
천방지축(天方地軸)

… 국민들이 세금 얘기만 나오면 손사래부터 치는 데는 다 이유가 있다. 어떤 원칙과 방법으로 재정을 확충하겠다는 구체적 방안 제시는 없이 '천방지축'으로 불쑥불쑥 내놓는 대책을 누가 이해하겠는가 …

••• 뜻풀이 어리석은 사람이 종작없이 덤벙대는 일.
너무 급해서 정신없이 허둥지둥 날뛰는 모양

서두르며 덤벙대는 것을 rashness, foolhardiness라고 할 수 있다.

이와 관련된 격언을 살펴보자.

It's a rash man who reaches a conclusion before he gets to it.
도달하기 전에 결론을 내리는 사람은 급한 사람이다.

What is courageous in one setting can be foolhardy in another and even cowardly in a third.
어떤 상황에서는 용감하게 여겨지는 것이 또 다른 상황에서는 어리석을 수 있고 또 다른 상황에서는 비겁할 수도 있다.

140
박학다식(博學多識)

… 미국과 중국에서 박사학위를 취득한 그는 '박학다식'하기로 둘째 가라면 서러운 사람이지만 인성면에서 여러 흠 결이 있어 결국 총장 자리에 앉지는 못했다 …

●●● 뜻풀이 학식이 넓고 많음. 박학다식 하다

A well-informed, knowledgeable person 또는 책을 많이 읽어서 지식이 많아진 사람을 보고 well-read 또는 학교 공부를 많이 한 사람은 well-educated 또는 learned (lûr'nĭd) 여기서는 (lûrnd)와 구별해서 발음을 해야 한다. 전자는 박학한, 박식한의 뜻이고, 후자는 배운이라는 뜻이다.

지식과 관련된 격언을 살펴보자.

A love affair with knowledge will never end in heartbreak.
지식을 사랑하게 되면 절대로 배신 당하지는 않을 것이다.

If a little knowledge is dangerous, where is the man who has so much as to be out of danger?
만약에 지식을 조금만 가지고 있으면 위험하다면 지식을 너무 많이 갖고 있어서 더 이상 위험하지 않은 자는 어디에 있을까?

Knowledge rests not upon truth alone, but upon error also.
지식은 진실에만 바탕을 두는 것이 아니라 실수에도 바탕을 둔다.

141

맹모삼천(孟母三遷)

… '맹모삼천'의 고사를 보아도 어머니의 역할이 얼마나 중요한지 드러난다. 명필 한석봉이 붓글씨로 대성할 수 있었던 것도 역시 어머니의 헌신적인 뒷바라지가 있었기 때문에 가능했던 것이다 …

●●● 뜻풀이 맹자의 어머니가 아들 맹자를 가르치기 위하여 세 번 집을 옮긴 일

정확하게 맞아떨어지는 표현은 없기 때문에 풀어줘야 한다. A mother will do anything to ensure her child's optimum education. (아이의 최고의 교육을 위해 어머니는 그 무엇도 할 수 있다.) 또 다르게 표현하기 위해 A mother will go to the ends of the earth for the education of her child. Ends of the earth이라는 표현은 '지구 끝까지'라는 뜻이라서 아이의 교육을 위해서 무엇이라도 하겠다는 뜻이 된다.

아이의 교육이나 배움의 중요성과 관련된 격언들을 살펴보자.

I think, at a child's birth, if a mother could ask a fairy godmother to endow it with the most useful gift, that gift should be curiosity.
아마 아이가 태어날 때 엄마가 요정한테 제일 유용한 선물을 부여해달라고 할 수만 있다면 그것은 바로 호기심일 것이다.

If at first you don't succeed, do it like your mother told you.
처음에 성공하지 못하면 엄마가 가르쳐준 대로 해라.

Before I got married I had six theories about bringing up children; now I have six children, and no theories.

결혼하기 전에 아이를 키우는 방법에 대해 6가지 이론이 있었으나 지금은 아이는 6명이고 이론은 하나도 없다.

Don't handicap your children by making their lives easy.

아이들의 생활을 너무 쉽게 만들어서 장애를 주지 말아라.

Simply having children does not make mothers.

아이를 낳기 때문에 엄마가 되는 것은 아니다.

There are two lasting bequests we can give our children. One is roots. The other is wings.

우리가 우리의 아이들한테 줄 수 있는 2가지의 유증이 있다. 한 가지는 뿌리이고 또 한 가지는 날개이다.

142
가화만사성(家和萬事成)

… 우리는 설날 아침일찍 일어나 새해 아침에 입는 설빔을 입고조상들에게 감사의 차례를 지내고 어른들께는 세배를 하며 서로의 행복을 빌고 축복해주는 덕담을 주고받는다. 지난해 어려웠던 일은 잊고 새해에는 '가화만사성'을 기원하며 정성스레 준비한 세찬을 먹는다 …

●●● 뜻풀이 집안이 화목하면 모든 일이 잘 이루어진다는 것

'집이 평안하면 만사형통이다'는 뜻으로 When one's home is harmonious, all goes well.이라고 할 수 있다.

가화만사성과 뜻이 가장 유사한 격언은 He is the happiest, be he king or peasant, who finds peace in his home. (왕이던 농부이던 집에서 평화를 찾는 자는 제일 행복하다.)이다. (괴테)

가정, 집에 관련된 관용구를 살펴보자.

home away from home/home from home 집만큼 편한 곳

I like to come to this studio. It's my home away from home.
난 이 스튜디오에 가는 것을 좋아한다. 집만큼이나 편안한 곳이다.

at home 편안하게 느껴지다

어느 정도 능력 있어 편안하게 느껴질 때 주로 쓰는 표현이다.
I feel at home with artists.
나는 예술가들과 잘 어울린다.
I feel at home speaking in Italian.
나는 이탈리아어를 불편 없이 구사할 수 있다.

home free 성공이 확실시된 것. 위험으로부터 빠져 나온 것

After they pass through the mountains, they'll be home free.

산을 통과한 다음에는 위험한 것이 없다.

143
부전자전(父傳子傳)

… 그 아버지에 그 아들이란 뜻으로, 흔히 '부전자전'이라 한다. 하지만 이 말도 팝의 황제 마이클 잭슨에게는 해당되지 않는 것 같다. 그 동안 베일에 가려있던 그 아들 사진이 공개 됐지만 전혀 그 아버지를 닮지 않았다 …

●●● 뜻풀이 그 아버지에 그 아들

영어로도 똑 같이 '그 아버지에 그 아들' Like father, like son.이라고 한다. 요즈음은 여권이 신장된 시대라서 그런지 Like mother, like daughter.라고도 한다.

아버지를 일컫는 단어들이 많은데 father(아버지)는 가장 엄숙한 표현에 속하며, 애기가 처음 말하기 시작할 때는 dada ➜ daddy ➜ dad순서로 변한다. 다 커서 어느 정도 독립했을 때 친구와 아버지에 대해 얘기 할 때는 간혹 애정 어리게 old man이라고 한다. 하지만 아버지 앞에서 직접 부를 때는 절대로 old man이라고 불러서는 안 된다!

부전자전과 딱 맞아떨어지는 표현은 a chip off the old block 여기서 block는 각석(角石)이고 chip는 작은 조각이라는 뜻이다.

작은 조각이라는 뜻의 chip과 관련된 관용구를 살펴보자.

to chip away '야금야금 없애다' 또는 '진전을 보이다'

If we chip away at this problem, I think we'll find a solution.
야금야금 이 문제를 풀면 해결책을 찾을 수 있을 거라고 생각한다.

to chip in 각출하다

We all chipped in for Sarah's birthday present.
사라의 생일 선물을 사기 위해 모두가 각출했다.

a chip on one's shoulder 싸우기 좋아하는 성격

Ever since his father left, he's had a chip on his shoulder.
아버지가 떠난 이후 싸우기 좋아하는 애가 되었어.

when the chips are down 결정적 또는 어려운 시기

When the chips are down, you find out who your friends are.
결정적인 순간에 진정한 친구가 누구인지 알게 된다.

월트 디즈니 만화 중 Chip'n'Dale이라는 다람쥐 캐릭터가 있다. 플루토와 도널드 덕하고 같이 나오는 이 다람쥐 캐릭터는 미국의 Chippendale이라는 이름의 유명한 가구에서 유래한 말장난이다.

144

장유유서(長幼有序)

… 삼강오륜에 대한 새로운 해석이 시대의 변화에 발맞춰 나왔다. 부자유친은 부모와 자녀는 친함이 있으며로, 군신유의는 위와 아래는 의리가 있으며로, 부부유별은 남편과 아내는 화함이 있으며로, '장유유서'는 어른과 어린이는 차서가 있으며로, 붕우유신은 동포와 동포는 신의가 있으라로 해석하는 것이 옛 성인의 뜻을 제대로 살리는 길이라 했다 …

●●● 뜻풀이 나이가 많은 순이다

연장자가 의장직을 맡는다는 뜻으로 The elder shall preside.라고 표현 해도 좋지만 다소 무미건조하므로 차라리 '아름다움보다 나이 순으로' 라는 뜻으로 age before beauty라고 하면 재미 있다. 이 표현을 뒤집어서도 얼마든지 쓸 수 있고 실제로 쓰이고 있다. 예를 들어, 엘리베이터에서 내릴 때 한국에서는 그다지 양보 없이 서로 먼저 내리려고 하는 반면, 서양에서는 사회적 지위와 무관하게 ladies first가 철저하기 때문에 어색한 상황이 벌어질 수도 있다. 이럴 때 재치 있게 나이가 조금 젊은 여자가 높은 위치에 있는 남자한테 age before beauty라고 하면 대부분의 경우 남자가 그래도 beauty before age이라고 하면서 여성부터 먼저 내리라고 한다.

나이 얘기가 나왔으니 age와 관련된 관용구들을 살펴보자.

to act one's age 나이에 맞는 행동을 하다 (대부분 그렇지 못할 경우 사용)

I wish he'd act his age! He's so immature.
나이에 맞는 행동을 했으면 좋겠다. 너무 유치해!

dog's age 또는 coon's age 아주 긴 시일 (부정적인 뜻으로 많이 사용)

I haven't been here in a dog's age but nothing has changed.

여기 안 온 지가 꽤 오래됐는데 아무것도 변한 것이 없네.

legal age 법정 연령

What's the legal age for drinking in Korea?

한국에서는 언제부터 술을 마실 수 있어?

of age ~할 수 있는 나이가 된

She's been of driving age since last May but she's too afraid to drive.

지난 5월부터 운전할 수 있는 나이가 되었는데도 운전하기 겁이 나서 안 하고 있어.

under age 미성년자

The bar was forced to close down because they served drinks to kids under age.

미성년자에게 술을 팔았기 때문에 그 술집이 문을 닫아야만 했다.

145
아내가 이쁘면 처가 말뚝보고 절한다

… 정대리는 서른 넘어 늦게 장가가더니 주말마다 처가에 간대. 그래서 옛 말에 '아내가 이쁘면 처가 말뚝보고 절한다'고 말 하나 봐 …

●●● 뜻풀이 사람이 예쁘면 그에게 속한 뭐든지 다 예쁘다

같은 의미의 영어 표현은 Love me, love my dog.이다. 즉, '나를 사랑하면 내 개도 사랑하게 된다'는 뜻이다.

'개 팔자다'하면 It's a dog's life.라고 하는데 한국도 요즘 그렇지만 외국에서도 과거에는 생활이 어렵다는 뜻으로 쓴 표현이지만 요즘은 개 팔자가 너무 펴서 오히려 그 반대의 뜻이 되야 할 것 같다

개와 관련된 격언을 살펴보자.

If you get to thinking you're a person of some influence, try ordering somebody else's dog around.

혹시 자신이 영향력 있는 사람이 되었다고 생각되기 시작하면 다른 사람의 개한테 명령해보기 바랍니다.

To his dog, every man is Napoleon; hence the constant popularity of dogs.

개한테 주인은 모두 나폴레옹이다. 바로 이런 이유 때문에 개들은 계속 인기가 있다.

Dogs are not our whole life, but they make our lives whole.

개들은 우리 인생의 전부는 아니지만 우리의 인생을 채워준다.

If a dog will not come to you after having looked you in the face, you should go home and examine your conscience. (윌슨 미대통령)

개가 얼굴을 쳐다본 다음에 자신에게 다가오지 않는다면 집에 가서 양심을 되돌아보는 것이 좋다.

146
옷이 날개다

… '옷이 날개'라는 말이 있듯이 잘 차려 입은 운동복은 자신감을 키워줘 운동을 열심히 하도록 돕는다 …

●●● 뜻풀이 옷이 사람을 대변한다

영어에도 '옷이 사람을 만든다'라는 비슷한 격언이 있다.

The clothes make the man.

옷 얘기가 나왔으니 clothes와 관련된 격언들을 살펴보자.

Clothes make the man. Naked people have little or no influence on society. (마크 트웨인)

옷이 날개다. 옷을 벌거벗은 사람은 사회에 영향력이 전혀 없거나 조금밖에 없다.

A dress that zips up the back will bring a husband and wife together.

지퍼가 뒤에 있는 드레스는 남편과 부인을 가깝게 한다.

People seldom notice old clothes if you wear a big smile.

큰 미소를 짓고 있으면 사람들은 낡은 옷에 대해 신경 쓰지 않는다.

It is an interesting question how far men would retain their relative rank if they were divested of their clothes.

옷을 입지 않았다면 사람들은 상대적인 지위를 어느 정도 유지 할 수 있는지가 상당히 흥미로운 문제이다.

A dress makes no sense unless it inspires men to want to take it off you.
(프랑스와즈 사강) 남자들이 벗기고 싶지 않은 드레스는 별 의미가 없다.

It's not what you wear - it's how you take it off.
무엇을 어떻게 입는가가 문제가 아니라 어떻게 벗는가가 문제다.

Of all the things you wear, your expression is the most important.
어떤 옷을 입느냐가 문제가 아니라 어떤 표정을 짓는가가 제일 중요하다.

영어로는 wear clothes, wear an expression 즉, 옷도 표정도 모두 '입는다'는 동사 wear를 사용한다. 같은 동사를 사용하는 것에 착안하여 말장난을 한 것이 바로 위의 표현이다.

147
열 손가락 깨물어 안 아픈 손가락 없다

… 막내 영희를 생각하면 몸이 약해 유난히 마음이 쓰였던 아이였다고 하며, '열 손가락 깨물어 아프지 않은 손가락이 어디 있겠느냐'며 말문을 흐렸던 그 어머니 모습이 아직도 눈에 선하다 …

●●● 뜻풀이 어느 자식도 다 똑같이 사랑한다

직역해도 이해할 수 있다. Bite any finger and it will hurt alike.

아니면 돌려서 I love each and every child equally. 모든 아이를 똑같이 사랑한다.

아이 child/children이 들어간 격언들을 살펴보자.

Making the decision to have a child is momentous. It is to decide forever to have your heart go walking around outside your body.

아이를 낳겠다는 것은 중대한 결정이다. 그 결정은 다시 말해 가슴이 평생 몸 밖으로 걸어 다니게 하겠다는 결정이나 마찬가지이기 때문이다.

Your children need your presence more than your presents.

당신의 아이는 선물보다 당신을 필요로 한다.

여기서 presence와 presents의 발음이 거의 같아서 말장난이 된다.

Don't worry that children never listen to you; worry that they are always watching you.

아이들이 말 안 듣는다고 걱정하지 마라. 아이들이 당신을 항상 보고 있다는 것을 걱정해라.

If you have never been hated by your child you have never been a parent.

당신의 자식이 한 번이라도 당신을 미워하지 않았으면 당신은 부모 노릇을 제대로 하지 않았다는 뜻이다.

Simply having children does not make mothers.

아이를 낳았다고 엄마가 되는 것이 아니다.

My mom used to say it doesn't matter how many kids you have... because one kid'll take up 100% of your time so more kids can't possibly take up more than 100% of your time.

우리 엄마가 아이를 몇 명을 낳든지 상관 없다고 했다. 왜냐하면 한 아이를 낳더라도 시간은 100% 모두를 차지하기 때문에 아이를 더 낳았다고 100% 이상을 차지 할 수 없다는 것이다.

148
될성부른 나무는 떡잎부터 알아본다

… '될성부른 나무 떡잎부터 알아본다'고 했지만 요즈음 연예인 매니지먼트 분야에선 떡잎도 보기 어렵다. 외모가 경쟁력있고 끼가 있는 신인들은 시장에 나오자마자 무섭게 팔리는 것이 현실이다 …

●●● 뜻풀이 성공할 가능성을 일찍 알아본다

이와 같은 뜻을 가진 영어 표현 중에 As the twig is bent, so is the tree inclined. '나뭇가지가 구부린 방향으로 나무가 기울인다.' 또는 The apple does not fall far from the tree. '사과가 나무서 멀리 떨어지지 않는다.'가 있다.

나무와 관련된 격언을 살펴보자.

Solitary trees, if they grow at all, grow strong. (윈스톤 처칠)
혼자 있는 나무는 크게 되면 튼튼하게 큰다.

He that plants a tree loves others beside himself.
나무를 심는 자는 자신 말고 다른 자도 사랑한다.

149
재승박덕(才勝薄德)

… 학장이 학교에서 교수들에게 언성을 높이는 일이 한두 번이 아니다. 학식은 많지만 덕이 부족한 학장 밑에서 그 '재승박덕'을 복제한 일부 교수들과 교수 지망생들이 함께 활개를 쳤다 …

••• 뜻풀이 재주는 있으나 덕이 적음

'재승박덕'을 직역하여 to be talented and yet possess little virtue라고 할 수 있다. 하지만 재능처럼 갖고 있으면 좋은 것이더라도 지나치게 과다한 것은 좋지 않다. 이런 뜻을 표현하려면 ambitious라고 할 수 있지만 긍정적인 뜻이므로 overly ambitious (너무 야심이 많은)라고 할 수 있다.

Virtue와 관련된 관용구를 살펴보자.

to extoll the virtues of someone/something 누구/무엇의 좋은 점을 칭찬하다

In his speech he extolled the virtues of Confucianism.
그의 연설에서 유교의 좋은 점을 칭찬했다.

by virtue of something ~때문에

Many people believed that he would avoid punishment by virtue of his connections.
연줄 때문에 벌을 피할 수 있을 거라고 많은 사람들이 생각했다.

150 승승장구(乘勝長驅)

… 현재 가장 뜨거운 감자는 금주말로 예정된 후보 등록이 이뤄진 뒤 다음 달 말 치러질 차기 회장 선거다. 과거 정권에서 '승승장구'한 후보들이 여럿 경합이 붙기 때문이다 …

••• 뜻풀이 싸움에 이긴 여세를 타고 계속 몰아침

대부분의 경우 우리말로 승승장구라는 표현을 쓸 때는 '모든 일이 잘 풀리'는 상황을 묘사할 때 쓴다. 이런 경우에는 쉽게 Everything is going his/her way. (모든 일이 다 원하는 데로 풀리고 있다.)라고 해도 좋고 또는 to be on a winning streak (연승)이라고 할 수 있다. Winning streak은 특히 운동 경기, 도박 등과 같은 경우에 많이 사용한다. 구호 같은 말로 Nothing's gonna stop us now. 즉, 아무것도 우리를 막을 수 없다라고 할 수 있다. 이는 Jefferson Starship이라는 70년대 미국 그룹이 부른 노래인데 모든 일이 잘 풀리고 승리의 여신이 눈 앞에 보일 때 자신감이 넘치는 말이다.

이기다 win과 관련된 관용구들을 살펴보자.

a no-win situation 그 결과에 대해 모든 사람이 만족할 수 없는 어려운 상황

It's a no-win situation. If I say yes, my mother will be angry, if I say no, my father will be.

어쩔 수 없는 상황이다. 내가 좋다고 하면 우리 어머니가 화날 것이고, 싫다고 하면 우리 아버지가 화날 것이다.

to win (something) hands down 쉽게 이기다

Everybody thought it would be a close race but Sarah won hands down.

아슬아슬할 것이라고 생각했는데 사라가 쉽게 이겼다.

You can't win 'em all. 항상 이길 수 없지

151
열 길 물속은 알아도 한 길 사람 속은 모른다

… '열 길 물속은 알아도 한 길 사람 속은 모른다'라는 속담은 수정되어야 한다. 우리가 흔히 얘기하는 바디 랭귀지가 있어 상대방 속마음을 꿰뚫어 보는 방법이 있기 때문이다. 상대방의 몸의 움직임과 얼굴 표정을 잘 살펴보면 그 속내를 파악할 수 있기 때문이다 …

••• 뜻풀이 사람 속마음을 짐작하는 것은 실로 어려운 일이다

직역을 하면 You can sound water ten fathoms deep, but you cannot sound the human heart a single fathom.라고 할 수 있는데 조금 이해하기가 힘들 수도 있다. 재미 있는 것은 to fathom something 즉, fathom을 동사로 쓸 때는 '이해하다'라는 뜻이 된다. 그러기 때문에 위의 표현이 어렵다면 '헤아릴 수 없는'이라는 뜻으로 unfathomable 또는 inscrutable 라는 형용사를 사용하면 된다.

152
팔은 안으로 굽는다

… 우리 나라 대기업들은 상당수 자사 계열 호텔을 갖고 있다. 예를 들어 삼성은 신라호텔, GS는 인터컨티넨탈호텔, SK는 워커힐 호텔을 갖고 있다. '팔은 안으로 굽는다'고 이들은 행사를 할 때마다 자사 계열 호텔에서 주최하고 있다 …

••• 뜻풀이 가까운 사람한테 정이 더 간다

'팔은 안으로 굽는다'를 직역하면 The arm bends inwards.라고 할 수 있지만 무슨 뜻인지 금방 이해하기 어렵다.

쉽게 알아 들을 수 있게 하려면 to take care of one's own (자기 편, 자기 쪽에 있는 사람을 챙기다)라고 하면 된다.

그 외에도 여러 표현으로 같은 뜻을 전달할 수 있다. 우선 Charity begins at home. (자선은 집에서부터 시작한다.)라는 표현을 살펴보면 '좋은 일은 집에서부터 시작이 되야 한다'는 뜻이므로 '팔은 안으로 굽는다' 하고는 뉘앙스가 조금 다르다. Men are blind to their own causes. (사람은 그들의 목적에 눈이 멀다.) 표현이 '팔은 안으로 굽는다'에 더 가깝다고 볼 수 있다.

Blind와 관련된 관용구들을 살펴보자.

to be as blind as a bat 전혀 안 보이는 것 (유머)

When I take off my contacts, I'm as blind as a bat.
나는 렌즈를 빼면 전혀 안 보인다.

a blind date (상대방이 누구인지 모르고 나오는) 미팅

I met my boyfriend on a blind date.
미팅해서 남자친구를 만났어.

153

평안감사도 하기 싫으면 안 한다

… 조기 사임이나 임기 단축에 대해서는 의견이 엇갈렸다. 법학자의 관점에서 보면 대통령이 조기 사임할 수 없다는 주장은 헌법적 근거가 없는 것이다. 비유해서 설명하자면 '평안감사도 하기 싫으면 안 한다'고 하듯이 대통령도 대통령이기 이전에 자유를 가진 국민의 한 사람이기 때문이다 …

●●● 뜻풀이 아무리 좋은 것이라도 자기가 하기 싫으면 못 한다

같은 의미를 가진 '말을 물가로 데려갈 수는 있지만 억지로 마시게 할 수는 없다' You can lead a horse to water but you can't make him drink.라는 영어 표현이 있는데 자주 사용하는 표현이므로 정확히 기억해두면 좋다.

Drink와 관련된 관용구들을 살펴보자.

can't hold their drink/liquor 술 잘 못 마시는 사람

Compared to Westerners, Asians can't hold their drink.
서양사람에 비해 동양사람은 술을 잘 못 마신다.

to drink like a fish 술을 많이 마시다 (구어체)

She's been drinking since 7 o'clock. She really drinks like a fish!
7시부터 마시기 시작했는데 진짜 술 많이 마신다.

to drink someone under the table 상대방보다 술을 많이 마시다 (구어체)

Mark can drink anybody under the table.
마크는 그 누구보다 술을 잘 마신다.

154
동량지재(棟梁之材)

… 청소년대표팀 시절 '한국 축구의 동량지재'로 전 국민의 기대를 한 몸에 받았던 정조국도 중동 원정에서 맹활약한 바 있다 …

●●● 뜻풀이 기둥이나 대들보가 되는 재목.
한 집이나 한 나라의 중요한 일을 맡을 만한 사람을 비유

1983년에 나온 할리우드 영화 중에 The Right Stuff이라는 미국 우주 프로그램에 대한 영화가 큰 인기를 거두었다. 우주 프로그램은 많은 비용을 요하는 것이기에 아무나 쓸 수 없고 오직 right stuff가 있는 사람만이 할 수 있는 것. He's made of the right stuff.라고 하면 재목의 뜻이다.

또 다른 표현으로 to pass muster이 있다. Muster는 군사 용어로 검열이라는 뜻으로 처음 사용했지만 이제는 일반적인 상황에서도 어떤 특정 기준에 부합한다는 뜻으로 사용된다. 예를 들어, I don't think that this report will pass muster. The teacher is so demanding!라고 하면 '이 리포트가 통과될 것 같지 않아. 선생님이 너무나 까다로워.'라는 뜻이다.

VII. 동물

155
견원지간(犬猿之間)

… 때로는 소 닭보듯이 대하고, 때로는 '견원지간'인 열린우리당과 한나라 당의 핵심 주역들이 오랜만에 한자리에 모였다 …

●●● 뜻풀이 개와 원숭이처럼 몹시 나쁜 사이

이 상황에서 We're not on very good terms. 또는 We don't get along.이라고 할 수 있다. 애완용 동물이 많은 서양에서는 개와 원숭이가 아니고 개와 고양이를 함께 비유한 표현들이 많다. 가장 쉽게 듣는 표현으로 We fight like cats and dogs.를 들 수 있다.

위에서 언급했듯이 고양이와 개 관련 표현이 많아 꿀 먹은 벙어리처럼 조용히 있는 사람한테 Cat got your tongue?라고 할 수 있다. 아니면 전화 통화를 하면서 나는 열심히 얘기하고 있는데 상대방이 별 반응이 없이 듣고만 있을 때 Cat got your tongue?라고 말할 수 있다.

또 어려운 상황을 매 번 잘 피해가는 사람에 대해 얘기할 때에는 He has nine lives.이라고 할 수 있다. 이 표현의 유래는 A cat has nine lives.이지만 묘하게 어려운 상황에서 잘 피해가는 사람을 보고 쓸 수 있는 표현이다.

참고로 서양에서는 검은 고양이가 앞을 지나가면 재수 없다고 생각한다.

개와 관련된 영어 표현들도 다양하다. 사는 게 막막할 때에는 한 숨을 푹 쉬며 It's a dog-eat-dog world.라고 하던가 '먹고 먹히는 세상' 아니면 '적자생존' 즉, survival of the fittest라고 할 수 있다.

‘언젠가는 기회가 올 것이다’라는 표현으로 Every dog has his day.가 있다.

과거에는 최고였는데 이제는 폐허가 되었다 아니면 파멸이 되었다라는 뜻으로 to go to the dogs라는 표현이 있다. 예를 들어, This school used to be the best in the country, but now it’s gone to the dogs.

‘잠자는 호랑이를 건들지 마라’는 뜻으로 Let sleeping dogs lie. ‘가만 있는 사람을 괜히 잘못 건드리지 마라’라는 표현이 있다. 예를 들어,

A : I saw Jane’s husband with another woman. Do you think I should tell Jane?

B : Let sleeping dogs lie.

A : 제인 남편이 다른 여자랑 있는 것 봤어. 제인에게 얘기 해야 돼?

B : 가만 있는 사람 괜히 건드리지 마 / 내버려둬.

비가 많이 올 때 우리는 ‘하늘에 구멍이 났다’라고 하지만 영어로는 It’s raining cats and dogs.라고 한다.

‘짓는 개는 물지 않는다’ 즉, A barking dog never bites. 표현을 사람에 비유를 하면 위협과 협박은 많이 하지만 실제로 행동으로 옮기지 못한 사람을 지칭한다.

‘엉뚱한 곳에 관심을 보이다’는 뜻으로 Barking up the wrong tree.라는 표현이 있다. 예를 들어, He’s been buying Jane drinks because he thought she had some information, but he’s been barking up the wrong tree.는 ‘그는 제인이 정보를 갖고 있는 줄 알고 술을 사줬는데 엉뚱한 데 신경 쓴 거야’라는 뜻이다.

156
기러기 아빠

… 영어의 중요성이 강조되면서 외국 유학이 늘고, 유학 떠난 자녀들을 뒷바라지하는 '기러기 아빠'를 주변에서 보기가 어렵지 않게 되었다. 물론 부작용도 속출하고 있지만 당분간 영어 교육을 위해 기꺼이 이산 가족이 되는 현상은 한국의 한 단면이기도 하다 …

••• 뜻풀이 한국의 교육열이 빚은 사회현상으로 자녀 교육을 위해 아내와 아이들을 외국에 유학 보내고 혼자 한국에 남아 학비와 생활비를 송금하며 뒷바라지하는 아버지

한국의 교육열은 가히 세계적이다. 이를 설명하기 위해 Korean parents are willing to make great sacrifices for their children's education. (한국 부모들은 자녀들의 교육을 위해 희생을 마다하지 않는다.) 여기서 주의해야 할 점은 education fever가 아니고 education fervor라고 해야 한다. 참고로, fever는 열이라는 뜻인 반면 fervor는 열정이라는 뜻이다.

기러기와 관련된 격언을 하나 살펴보면 '누이 좋고 매부 좋고' 라는 뜻으로 What's good for the goose is good for the gander.

Goose와 관련된 재미있는 관용구들을 살펴보자.

to cook someone's goose 성공을 방해하는 일

I cooked his goose by telling my boss the truth.
상사한테 사실을 알려서 그의 성공을 방해했다.

to kill the goose that lays the golden egg 돈을 벌게 해주는 것을 파괴하는 것

I killed the goose that lays the golden egg when I sold my stocks.
내 주식을 판 것은 황금알을 낳는 거위를 죽인 것이나 다름없었다.

a wild goose chase 가망성이 없는 계획

It would have been better to tell me that you didn't know rather than sending me on a wild goose chase.

가망성 없는 일을 하게 하니 차라리 모른다고 얘기 했었으면 더 좋았을 거다.

goose bumps 소름

I got goose bumps when I heard the cat howling.

고양이가 우는 소리에 소름 끼쳤다.

157

파랑새 증후군

… 과거에는 한 직장에 오래 몸 담고 일하는 것이 미덕이었으나 얼마 전부터는 기업들이 새내기 직장인의 '파랑새 증후군'으로 골머리를 앓고 있다. 파랑새 증후군은 동화극 '파랑새'의 주인공을 빗댄 말로 신입사원이 현재 자신이 하고 있는 일에 만족하지 않고 다른 직장을 찾아 떠돌아다니는 현상을 뜻한다 …

●●● 뜻풀이 변화에 적응하지 못하는 직장인에게서 나타나는 대표적인 부적응 현상. 벨기에의 극작가 메이털링크의 동화극 〈파랑새〉의 주인공처럼 장래의 행복만을 몽상하면서 현재의 할 일에 열정을 쏟지 않는 증상

파랑새 증후군은 chasing rainbows라고 표현하면 적합하다. 미국 전설에 따르면 금으로 가득 찬 단지가 무지개 밑에 있다고 한다. 물론 이 전설 내용과 관련된 동화들도 많으며 현실적이지 않은 꿈을 추구할 때 to go chasing rainbows라고 한다.

158
메뚜기족

… 최근에는 불경기 속에서도 한 직장에 진득하게 있지 않고 이직을 반복하는 '메뚜기족' 직장인들이 늘고 있으며, 일보다는 가정을 중시해 칼퇴근 하고 고속 승진을 기피하는 네스팅족도 등장했다 …

••• 뜻풀이 한 곳에 적응하지 못하고 이리저리 옮겨 다니는 사람

직장을 이리 저리 쉽게 옮기는 사람을 지칭하는 메뚜기족은 job hopper라고 하면 좋다.

~ hopping/hopper라고 여기저기 옮겨 다니는 행위 또는 사람이다. 예를 들어, 술을 마실 때 1차, 2차, 3차를 다니는 것을 bar hopping이라고 한다. 하지만 몇 차라고 횟수를 표시하지는 않는다.

Did you go bar hopping yesterday?
어제 여러 술집 돌아다녔어?

159

군계일학(群鷄一鶴)

… 지금 세계 인터넷 업계 화두는 단연 '구글'이다. 구글은 화제의 중심답게 지난해 실적도 '군계일학'이었다. 구글은 지난해 야후를 가볍게 뛰어넘는 실적을 올린 것이다 …

••• 뜻풀이 평범한 여러 사람 가운데의 뛰어난 한 사람을 비유하여 이르는 말

평범한 사람 사이에 거인이라는 뜻으로 a giant among men 표현이 있다.

He is one of those giant figures, of whom there are very few in history, who lose their nationality in death.

그는 죽음과 동시에 국적을 잃는 역사상 몇 명 되지 않는 그런 거인 같은 사람이다.

160

일석이조(一石二鳥)

… 문화재청이 고령자들을 위한 일자리도 만들고 문화재 관람객들도 안내하는 '일석이조'를 겨냥, 칠순 이상 하루 1만보 보행이 가능한 건강한 '실버'를 대상으로 궁능 안내 지도 위원들을 선발한 것은 실로 잘한 일이다 …

●●● 뜻풀이 두 가지 일을 동시에 함께 도모하려 한다는 의미

같은 뜻을 영어로도 똑 같이 표현하여, to kill two birds with one stone '돌 하나로 두 마리 새를 죽인다'라고 한다.

새 birds와 관련된 격언들을 살펴보자.

The early bird gets the worm.
일찍 일어나는 새가 지렁이를 잡아 먹는다. 즉, 부지런해야 앞서간다.

The early bird gets the worm, but the second mouse gets the cheese.
일찍 일어난 새가 지렁이를 먹지만 두 번째 쥐가 치즈를 먹게 된다. 조금 웃기는 얘기로 부지런한 것이 항상 좋은 것만은 아니라는 뜻이다. 다시 말해 첫 번째 쥐는 덫에 걸려 죽기 십상이나 두 번째 쥐는 치즈를 문제 없이 먹을 수 있기 때문이다.

A bird in the hand is worth two in the bush.
손에 든 한 마리 새가 숲 속의 두 마리보다 낫다. 불확실한 것을 쫓다 확실한 것을 놓친다는 뜻의 표현이다.

Birds of a feather flock together. 유유상종

Birds에 관한 관용구들은 다음과 같다.

for the birds 재미 없는, 지루한, 싱거운

I read that book on the bestseller list but I think it's for the birds.
베스트 셀러라는 책을 읽었는데 너무 지루하더라.

to eat like a bird 아주 적은 양을 먹다.

It's no wonder she's so skinny. She eats like a bird.
그렇게 적게 먹으니 당연히 말랐지.

the birds and the bees 性, 출생 등에 대해 알아야 할 내용들

Have you told your kids about the birds and the bees yet?
아이들한테 성과 출생에 대해 얘기 했어?

bird's eye view 멀리서 또는 높이서 보이는 경치, 조감도

From the top of the mountain, you have a bird's eye view of the city.
산 위에서는 도시 전체를 볼 수 있다.

161
호랑이도 제 말하면 온다

… 오랜만에 만난 친구와 점심을 먹으며 한참 남편 험담을 하고 있는데 남편 얼굴이 보이는 것이 아닌가. '호랑이도 제 말하면 온다'는데 웬일로 이 식당에 나타났는지 …

●●● 뜻풀이 다른 사람 즉 제삼자의 이야기를 하고 있는데, 마침 그 사람이 그 자리에 나타났을 때 쓰는 말

Speak of the devil and he is sure to appear. 표현은 너무나 잘 알려진 표현이기 때문에 speak of the devil~ 까지만 말해도 듣는 사람들이 모두 무슨 뜻인지 알아 차린다.

악마 얘기가 나왔으니 devil과 관련된 표현을 살펴보자.

devil of a time, devil one's time 어려운 시기, 어려움

I had a devil of a time trying to get him to understand.
이해를 시키는데 어려움이 많았다.
This cold is giving me the devil's own time.
이 감기 때문에 너무나 고생스럽다.

Devil이 들어간 격언들을 알아두면 나중에 적절히 사용할 수 있다.
If you make money your god, it will plague you like the devil.
돈이 당신의 신이 된다면 악마처럼 당신을 괴롭힐 것이다.

The devil takes a hand in what is done in haste. (터키 속담)
급하게 한 일에는 악마의 손길이 와있다.

A nickname is the hardest stone that the devil can throw at a man.
애칭은 악마가 인간한테 던질 수 있는 제일 아픈 돌멩이다.
God and the devil lose to a common enemy: inertia.
하느님과 사탄은 공동의 적에 지기 마련이다. 즉, 타성 앞에서는 똑같이 무력하다.

162
호랑이가 없는 골엔 토끼가 스승

… 민 교수가 안식년 간 사이 학생들은 주임 교수가 안 계시니 조교의 말을 따를 수밖에 없었다. '호랑이가 없는 골엔 토끼가 스승'이 아닌가 …

••• 뜻풀이 우두머리가 없으면 부하들이 판친다

같은 뜻을 영어로는 '고양이가 없으면 쥐가 판친다' When the cat's away, the mice will play.라고 한다.

고양이 얘기가 나왔으니 cat에 대한 표현들을 살펴보자.

to let the cat out of the bag 비밀을 누설하다

The birthday party was supposed to be a surprise, but my brother let the cat out of the bag.

생일 파티가 비밀이었는데, 우리 오빠가 비밀을 얘기했어.

to be like a cat on a hot tin roof 안절부절 하는 과민 상태

I hope we get the results soon. She's been like a cat on a hot tin roof.

빨리 결과가 나오길 바랍니다. 계속 안절부절 하고 있어.

이 표현은 엘리자베쓰 테일러와 폴뉴만이 주연한 영화 '양철 지붕 위의 고양이' Cat on a Hot Tin Roof로 유명하다. 1958년도 제작된 이 영화는 두 배우가 모두 아카데미 남우주연상과 여우주연상을 수상한 바 있어 더욱 유명해졌다.

a cat and mouse game 상대방이 실수하도록 유도하면서 유리한 입지를 굳히는 것.

The police and gangsters have been playing a cat and mouse game for several years now.
경찰과 갱단들은 몇 년 동안 서로 누가 먼저 실수하나 노리고 있다.

Curiosity killed the cat. 적절하지 못한 질문을 지나치게 많이 하면 더 이상 질문하지 못하도록 할 때 쓰는 표현

a grin like a Cheshire cat 아주 크게 지은 미소

I knew things went well for him since he walked in grinning like a Cheshire cat.
큰 미소를 띠고 들어 왔을 때 일이 잘 됐을 거라고 생각했다.

Has the cat got your tongue? 상대방이 묵묵대답을 할 때 쓰는 표현

Has the cat got your tongue? I asked you where you were until midnight.
왜 대답을 못해? 자정까지 어디에 있었는지 물어봤잖아.

like the cat that got the cream 혼자서 뿌듯해 하는 것

Ever since the teacher praised him, he's been sitting there like the cat that got the cream.
그는 선생님이 칭찬하고 난 후에 혼자서 뿌듯해 하며 앉아 있다.

to look like something the cat brought in/ dragged in 지저분하고 꾀재재한 모습

After playing in the mud, the children looked like something the cat brought in. 진흙탕에서 논 다음 아이들은 지저분하고 꾀재재 했다.

Mouse/mice 관련 관용구들을 살펴보자.

to be as poor as church mice 아주 가난한

When we first got married we were as poor as church mice.
우리가 처음 결혼했을 때는 아주 가난했다.

to be as quiet as a mouse 아주 조용한 것

Nobody heard her come in because she was as quiet as a mouse.
너무나 조용해서 아무도 들어온 줄 몰랐다.

163
지렁이도 밟으면 꿈틀한다

… '지렁이도 밟으면 꿈틀한다'고 피땀으로 마련했던 소중한 배를 세 번이나 무상으로 몰수당하는 수모를 더 이상 참을 수는 없었기에 우리 가정은 정든 고향을 떠났고, 사랑하는 부모 형제들을 뒤에 남기게 되었다 …

••• 뜻풀이 하찮은 미물이라도 수모를 당하면 가만히 있지 않고 반응한다

'지렁이도 밟으면 꿈틀한다'는 표현을 직역 하면 Even a worm will wriggle if you step on it.이라고 할 수 있다. 조금 더 비유적으로 표현하자면 Even the meekest will finally lose his temper.라고 할 수 있다.

사람한테 worm이라고 하면 '벌레 같은 놈', 즉 '비열하고 자기 이익만 챙기는 사람'을 뜻한다.

He's such a worm! As soon as he found out she wasn't rich, he left her!

나쁜 놈이야! 그녀가 부자가 아니라는 걸 아는 순간 그녀와 헤어졌어!

The early bird catches the worm. 부지런한 사람이 원하는 것을 얻는다.

You should apply as soon as possible. You know the early bird catches the worm.

가능한 빨리 신청하는 것이 좋아. 부지런한 사람이 얻는 거 알지?

The worm has turned. 고분고분했던 사람이 갑자기 자신감이 생기고 상황을 컨트롤하기 시작할 때 쓰는 표현이다.

Jane told Bob that from now on she would decide her schedule. The worm has turned!

제인은 봅에게 앞으로는 자기가 자신의 스케줄을 결정하겠다고 말했다. 상황이 반전됐네.

to worm one's way into 떳떳하지 못한 방법으로 관여하게 되다

I didn't ask his opinion, but he just wormed his way into the conversation and started telling me what to do.

제가 물어보지도 않았는데 대화에 껴들기 시작하더니 이래라 저래라 하기 시작했다.

164
가재는 게 편

… 미국 차기 대선주자 물망에 오르고 있는 빌 프리스트 상원 공화당 원내총무의 주식매각을 둘러싼 의혹이 증폭되고 프리스트 의원은 문제의 병원 주식을 얼마나 갖고 있었는지 몰랐다고 주장했으나 조사과정에서 확보된 서류에 따르면 병원주식 보유 현황을 그때 그때 통보 받은 것으로 돼 있다. 이 같은 정황 속에서 공화당뿐만 아니라 민주당까지 적극적 진상규명 의지를 보이지 않자 '가재는 게 편'이라는 실망감도 커지고 있다 …

••• 뜻풀이 비슷한 입장에 있는 사람끼리 서로 편을 들어 줄때 사용하는 표현

직역해서 영어로도 '가재는 게 편' 즉 crayfish are bound to side with crabs.라고 표현하면 사람들이 웃으면서 알아듣는다. 딱 맞아 떨어지는 표현은 없지만 뜻을 전하기 위해서는 '그들은 당연히 편을 들 수밖에 없었다' 즉 They were bound to side with ~할 수 있다. 예를 들어, The school was bound to side with the teachers. 학교 당국은 당연히 선생님들 편을 들었다.

Side가 들어간 표현들을 살펴보자.

on the side 곁들여서

I'd like a steak with coleslaw on the side.
스테이크에 코울슬로우를 곁들여 주세요.

side by side 나란히 서 있는

There were so many people that we had to stand side by side.
사람이 너무 많아서 나란히 서 있을 수 밖에 없었다.

this side of 거의 ~하다 (대부분 부정적으로 사용)

Their activities were this side of criminal.
그들의 활동은 거의 범죄 행위였다.

165
개구리 올챙이 적 생각 못한다

… 검색 포털 엠파스는 9,000여 명의 직장인을 대상으로 설문 조사한 결과 응답자 중 30%가 '개구리 올챙이 적 생각 못한다'를 상사에게 들려주고 싶은 말이라고 답 했다. 누구나 일을 하며 스트레스를 받지만 자신의 초년병 시절을 기억 못하는 상사가 가장 큰 스트레스를 준다는 것이다 …

●●● 뜻풀이 자신의 초년병 시절을 기억 못한다

영어로 직역해서 한다면 Thinks that he was born a frog and forgets that he was once a tadpole. 정도로 하면 뜻이 통한다. 또는 '늙은 소는 자신이 과거에 송아지였다는 사실을 잊어버린다' It is an old cow's notion that she was never a calf.라고도 표현 할 수 있다.

개구리 얘기가 나왔으니 재미있는 표현을 하나 짚고 넘어가자면 영어권 사람들은 프랑스 사람들이 개구리를 먹는다고 해서 프랑스인들을 Frog라고 부른다.

Frog가 들어간 재미있는 표현들이 많다.

to have a frog in your throat 목이 답답해 헛기침을 해야 깨끗해지는 경우

Just a minute I think I have a frog in my throat.
잠깐만 기다리세요. 목에 뭔가 걸린 것 같아요.

leapfrog 어린아이들 놀이로 여러 아이들이 엎드려 있으면 한 명이 등을 짚고 넘어가는 놀이 또는 비유적으로도 사용

Robert was too big for the other children to leapfrog over.
로버트가 너무 커서 다른 아이들이 등을 짚고 넘어가기가 어려웠다.

He leapfrogged to his current position because he has connections.
연줄이 있어서 지금 현 위치로 껑충 승진되었다.

166
개천에서 용 난다

… 요즈음에는 '있는 집 아이들이 공부도 잘한다'는 말을 자주 듣는다. '개천에서 용 난다'는 말은 이제 옛 이야기가 된 것 같다 …

●●● 뜻풀이 어려운 환경에서 성공하다

가난하게 살다가 부자가 된 경우 rags to riches라고 한다. 예를 들어, He wasn't born rich. His is a rags to riches story.는 '그는 부잣집에 태어난 것이 아니라 개천에서 용이 난 것이다.' 라는 뜻이다.

그 외에 It's like a black hen laying a white egg. 검은 닭이 흰 알을 낳은 것과 같다. 하지만 실은 닭 색과는 무관하게 흰 계란을 낳은 거다!

167

고래싸움에 새우등 터진다

… 수많은 중소 기업들을 나름대로 경쟁력이 있는 강한 기업으로 키우지 않고서는 경제가 튼튼해질 수 없게 되었다. '고래 싸움에 새우등 터지듯' 대기업이 휘청거리면 덩달아 비틀거리는 중소 기업들은 이제 기술력 부족이라는 구조적 결함을 치유해야 한다 …

●●● 뜻풀이 큰 것들 싸움에 작은 것이 희생된다

'고래 싸움에 새우등 터진다'를 직역 하면, When whales fight, it's the shrimps that get crushed.

이 표현은 일본과 중국 등 강대국들 사이에 끼여있는 한국을 비유적으로 묘사할 때 많이 쓰인다.

고래 얘기가 나왔으니 whale이 들어간 표현들을 살펴보자.

to have a whale of a time 아주 즐거운 시간을 즐기다

Why didn't you come last night? We had a whale of a time!
어제 왜 안 왔어? 너무 재미 있었는데!

a whale of a (problem, difference etc.) 아주 큰, 아주 좋은

Left neglected, it turned out to be a whale of a problem in the end.
처음에 무시했더니 나중에는 큰 문제가 되었다.

새우 shrimp가 들어간 관용구도 물론 있다.

shrimp '키가 작은 사람' 또는 '중요하지 않은 사람'

Look at that shrimp! He can't even jump over the wall!
저 작은 녀석 좀 봐! 담을 넘지도 못해!

168
조족지혈(鳥足之血)

··· 이는 인도 노동시장의 규제에 따른 것으로 인도 제조업의 고용 인구는 전체 인도노동력의 1.5%인 600만 명으로 묶여 있다. 인도 정부가 과시하고 있는 IT 기술 분야의 노동력도 100만 명으로 가히 '조족지혈' 수준이다 ···

●●● 뜻풀이 새 발의 피라는 뜻. '아주 적은 양'을 비유하여 이르는 말

당연히 little, very little이라고 하면 된다.

하지만 상황에 따라 little의 뜻이 달라질 수 있고 또 다른 표현으로 써야 할 경우가 있다.

크기가 작다 : a little room

시간이 짧다 : brief와 동의어로 예를 들어, There is little time.

양이 적다는 뜻으로 : little money

무의미하다 : unimportant, trivial과 동의어로 예를 들어, a little matter

저급한, 비열한 : narrow, petty와 동의어로 예를 들어, mean little rumors

어린 형제 : my little brother

Little이 들어간 관용구들을 살펴보자.

Great/mighty oaks from little acorns grow.

작은 도토리에서 큰 떡갈나무가 자란다. 작은 규모로 시작하더라도 아주 크게 될 수 있다는 말.

a little bird told me (so) 작은 새가 알려줬어

(어떤 정보의 source를 밝히고 싶지 않을 때 하는 말로 약간 놀리는 말투이다.)

A : How did you know we were going out?

B : Oh, a little bird told me.

A : 우리 사귀고 있다는 걸 어떻게 알았어?

B : 음, 그냥 알게 됐어.

a little horror 장난꾸러기

It rained all day and I had to deal with four little horrors indoors!

하루 종일 비가 와서 실내에서 4명의 장난꾸러기를 상대했어야만 했다.

too little, too late 너무 늦었고 너무 조금

He offered his help but it was too little, too late.

그는 도와주겠다고 했지만 너무 늦었고 너무 적었다.

to twist/wrap someone around your little finger 좋아하기 때문에 원하는 대로 다 해주는 사람

She's an only child and she has her daddy wrapped around her little finger.

외동딸이어서 그런지 그녀의 아버지는 그녀가 원하는 대로 다 해준다.

169
주마가편(走馬加鞭)

… 서귀포시는 2006년도 상하수도사업계획을 확정하고 상반기 중 조기발주 100%달성을 목표로 상하수도사업 추진에 고삐를 조이며 '주마가편' 자세로 지역경제 활성화에 기여코자 매진하고 있다 …

●●● 뜻풀이 직역하면 '달리는 말에 채찍질을 한다'는 뜻으로 '열심히 하는 사람을 더 부추기거나 몰아친다'는 뜻이다

말 타기와 관련된 표현 중에 to spur something/somebody on이라는 표현이 있다. '박차를 가하다'는 뜻이기 때문에 주마가편을 표현하기 위해는 to further spur somebody/something on이라고 하면 된다.

Spur와 관련된 관용구들을 살펴보자.

to earn your spurs 어떤 자리를 위해 노력을 하여 그럴만한 가치가 있다는 것을 인정 받다

He earned his spurs during the presidential campaign.

그는 대통령 선거운동 당시 인정 받았다.

on the spur of the moment 즉흥적으로

We never decide where we're vacationing in advance. It's always on the spur of the moment.

우리는 휴가를 어디에서 보낼지 미리 결정하지 않는다. 항상 즉흥적으로 결정한다.

170
주마간산(走馬看山)

… 새로운 볼거리가 부족하다 보니 관광객들도 '주마간산'격으로 유적지와 박물관 등을 한 나절가량 둘러보고 숙박은 다른 곳에서 하는 등 스쳐가는 관광지로 전락해 지역경제가 갈수록 활력을 잃어가고 있다 …

••• 뜻풀이 대충 보다

어떤 책이나 서류 같은 것을 잘 훑어 보면 to skim through 또는 to flip through라고 하는 반면 '잠깐 눈길을 준다' 또는 '대충 훑어본다'는 뜻으로 to glance at이라고 할 수 있고 to give a cursory glance는 glance에다가 cursory는 성급하게, 피상적인이라는 뜻이라서 '주마간산'과 뜻이 가장 가깝다.

잠시 눈길을 주는 glance가 들어간 관용구를 살펴보자.

at first glance 언뜻 보기에는

At first glance, she looks Asian.
언뜻 보기에는 동양사람처럼 보인다.

without a backward glance 아무런 후회 없이

He left his high-paying job without a backward glance.
그는 고액 자리를 아무런 후회 없이 떠났다.

at a glance 거의 즉각적으로

He was able to tell at a glance that she had potential.
그녀가 가능성 있다는 것을 금방 알 수 있었다.

171
오비이락(烏飛梨落)

… 김대중 전 대통령의 방북은 민족문제 협의를 위한 것인 만큼 방북 시기도 국민적 합의를 얻어서 이뤄지는 것이 바람직하다고 생각한다며 방북시기를 6월로 늦춘다고 발표했다. 정치권의 북풍공세는 안타깝지만 구태여 '오비이락'을 자초할 필요는 없다는 뜻으로 해석된다 …

••• 뜻풀이 직역을 하면 '새가 날자 배가 떨어진다'로 '우연의 일치'라는 뜻이다.

'오비이락'을 직역 하면 a pear dropping from a tree as a crow flies over it.' 다소 의심쩍은 우연은 a strange coincidence라고 하면 좋고, 순수한 우연인 경우에 a pure coincidence라고 한다.

우연 coincidence와 관련된 격언을 살펴보자.

Coincidence is God's way of remaining anonymous. (아인슈타인)
우연이란 하느님이 익명으로 남는 방법이다.

Stressed spelled backwards is desserts. Coincidence? I think not!
'stressed'-스트레스를 받다-를 거꾸로 쓰면 'desserts'-후식-이다.
우연이라고? 내 생각에는 우연이 아니다!

172
용두사미(龍頭蛇尾)

… 검찰의 '로또복권 비리사건'수사가 관련자 1명을 구속기소하고 3명을 불구속기소하는 선에서 사실상 끝났다. 작년 초부터 내사하고 감사원의 수사의뢰까지 받아 수사해온 검찰이 사업자 선정 과정에 정 · 관계 로비가 있었다는 의혹을 규명하지 못하고 수사를 종결, '용두사미'가 아니냐는 지적을 받고 있다 …

••• 뜻풀이 머리는 용이나 꼬리는 뱀이라는 뜻. 처음 시작할 때는 그럴 듯하지만, 나중이 흐지부지 된다는 뜻

직역을 하면 a dragon's head with a snake's tail이라고 할 수 있지만, 영어권 사람들이 금방 그 뜻을 이해하기는 쉽지 않은 데 그 이유는 서양에서의 용과 동양에서의 용은 그 의미하는 바가 다르기 때문이다. 서양에서의 용은 입에서 불을 내뿜는 물리쳐야 할 무서운 대상이었다.

용두사미를 돌려서 표현하자면 anticlimax, fizzle out이라고 할 수 있고 아니면 비유적으로 start with a bang, end with a whimper 즉, '팡' 소리를 내며 거창하게 시작하나 '낑낑'거리며 비실비실 끝난다라고 표현할 수 있다.

뱀 얘기가 나왔으니 snake가 들어간 관용구들을 살펴보자.

a snake in the grass 친구인 척하면서 뒤에서 해꼬지 하는 사람

He was always so nice to me that it's hard to believe that he's a snake in the grass.

그는 나한테 항상 잘 해줬기 때문에 뒤에서 내게 해꼬지 하고 있다는 것을 믿기 힘들다.

snake oil 쓸모 없는 조언이나 해결책

Everybody believes the government measures are snake oil and will not bring housing prices down.

모두가 정부 정책이 소용없을 거라고 생각하고 주택가격을 내리는데 별 도움이 안 될 거라고 생각한다.

a snake-oil salesman 쓸모 없는 것을 파는 사람

Beware of snake-oil salesmen.

쓸모 없는 것을 파는 사람 조심해라.

173
우이독경 (牛耳讀經)

… 개인들은 안전판 역할을 해야 할 기관의 매도로 개인들은 큰 손실을, 외국인은 우량주를 저가에 쓸어 담는 악순환이 반복되고 있다며 정책 당국의 무대책과 기관들의 무책임을 성토했다. 하지만 개인도 남의 탓만 할 수 없다. 무려 3조원이라는 미수금이 개인들의 묻지마 투자를 잘 보여주고 있다. 코스닥 시장의 체질 개선이니 하며 열변을 토하는 전문가들의 조언도 개미들에게는 그저 '우이독경'이었던 것을 알 수 있다 …

••• 뜻풀이 쇠귀에 경 읽기라는 뜻. 아무리 가르치고 일러 주어도 알아듣지 못함을 이르는 말

이와 관련해 자주 쓰이는 표현을 하나 알아두자.

To fall on deaf ears라고 하면 듣고 싶어하지 않다는 뜻에 가깝다.

I tried to warn him that the road was dangerous but my warnings fell on deaf ears. 길이 위험하다고 경고 했는데 내 경고를 들으려고 하지 않았다.

Deaf가 들어간 표현들을 살펴보자.

to be as deaf as a post 완전히 귀먹은 사람

She's 82 and very healthy, except that she's as deaf as a post.
그녀는 82세이고 건강하지만 완전히 귀먹었어.

turn a deaf ear (to) 불평 또는 요청을 무시하는 것

The government turned a deaf ear to pleas for more aid.
정부는 추가 원조요청에 대해 무시했다.

Deaf와 관련된 격언들도 살펴보자.

There are none so deaf as those who will not hear.
안 듣고자 하는 자만큼 귀먹은 자가 없다.

Kindness is the language which the deaf can hear and the blind can see.
호의는 귀먹은 자가 들을 수 있고 눈 먼 자가 볼 수 있는 언어이다.

A good marriage would be between a blind wife and a deaf husband.
최고의 결혼은 눈먼 부인과 귀먹은 남편간이다.

174
일어탁수(一魚濁水)

… 누구나 조직의 한 일원으로 처신을 할 때에는 '일어탁수'와 같은 행동으로 전체에 누를 입혀서는 안 되는 것이다. 나 자신보다는 조직 전체를 생각하는 마음을 늘 가져야 한다 …

●●● 뜻풀이 한 마리의 고기가 물을 흐리게 한다는 뜻. '한 사람의 잘못으로 여러 사람이 피해를 입게 됨'을 비유하여 이르는 말

영어로도 이와 비슷한 표현이 있어, '썩은 사과 하나가 통 전체를 썩게 한다' One rotten(bad) apple spoils the barrel.이라고 한다.

사과 얘기가 나왔으니 apple이 들어간 표현들을 살펴보자.

An apple a day keeps the doctor away.

하루에 사과 한 개를 먹으면 병원 신세를 안 지게 된다.

apple of (one's) eye 소중하고 아끼는 사람

Her son is the apple of her eye.
그녀의 아들이 그녀가 제일 아끼는 사람이다.

apples and oranges 사과와 오렌지 즉, 상당히 다른 두 가지/사람

It's impossible to talk about schools in Korea and the U.S. – it's like comparing apples and oranges.

한국에 있는 학교와 미국에 있는 학교를 말한다는 것은 불가능해 – 너무 다르기 때문에.

Apple과 관련된 격언들도 많다.

Millions saw the apple fall, but Newton asked why.
수백만 명의 사람들이 사과가 떨어지는 것을 보았다. 하지만 뉴튼만이 '왜?'라고 물었다.

Adam ate the apple, and our teeth still ache. (헝가리 속담)
아담이 사과를 먹었다. 그리고 우리의 이는 아직 아프다.

A seed hidden in the heart of an apple is an orchard invisible. (웨일즈 속담)
사과 속에 숨은 씨는 눈에 안 보이는 과수원이다.

175
꿩 대신 닭

… '꿩 대신 닭 아닌가요?' 지난 2월 신봉동 자이 2차 45평형 아파트 계약을 하러 왔다는 이영희씨는 여러 면에서 걸리는 것이 많은 판교 분양을 포기하고 최근 후광지역으로 떠오르는 수지로 집을 넓혀 가기로 결정했다고 말했다 …

●●● 뜻풀이 최선은 아니나 차선책

직역을 한다면 a chicken instead of a pheasant라고 하면 쉽게 이해 한다. 풀어서 '최선은 아니나 차선책'이라고 to settle for second best라고 표현 할 수 있다.

Second와 관련된 관용구들을 살펴보자.

second to none 그 누구/무엇에 비해 2등이 아닌 즉, 최고

This Italian restaurant is second to none in Korea.
이 이태리 식당은 한국에 있는 최고의 이태리 식당이다.

second-class citizen 다른 사회의 일원보다 대우를 못 받는 사람

In some societies, women are treated like second-class citizens.
어떤 사회에서는 여자들이 2등 시민 대우 받는다.

to second guess someone/something 결과를 안 후에 남을 비판하다, 예언하다

Don't try to second guess the court's decision.
법원의 판결을 미리 예측하려고 하지 마.

second banana 속어로 특히 코미디 프로에서 조연, 2인자

He wasn't happy being second banana and so he asked for his own show.

조연으로 만족하지 못해서 자기의 쇼를 달라고 했다.

to play/be second fiddle to somebody/something 무엇/사람에 비해 2인자

Nobody wants to play second fiddle to somebody younger than they.

자기보다 어린 사람에 비해 2인자가 되고 싶을 사람은 없다.

176
나는 새도 떨어뜨린다

… 요즘은 표변이라는 말은 어떤 사람의 태도가 돌연 바뀌는 걸 표현할 때 많이 쓰이는 것 같다. 김대중 대통령 시절 명실공히 2인자였던 그는 자신이 한 동안 '나는 새도 떨어뜨린다'는 소리를 들었던 것을 결코 부인하지는 않았다 …

●●● 뜻풀이 나는 새를 떨어뜨릴 정도로 힘이 세다

직역하면 He's so powerful that he's capable of downing a flying bird.이라고 할 수 있다. 힘이 센 powerful과 유사하나 전능하다고 할 때에는 omnipotent라고 하며 특히 하느님을 묘사할 때 많이 쓰는 형용사이다. 또는 영향력이 많다는 뜻으로 very influential이라고 할 수 있다. 풀어서 '그가 못하는 것은 없었다' There was nothing he couldn't do.라고도 표현 할 수 있다.

권력/힘과 관련된 격언을 살펴보자.

We have, I fear, confused power with greatness.
우리 모두가 권력을 위대함과 혼돈했다.

The thing women have yet to learn is nobody gives you power. You just take it.
여성들이 아직도 배워야 할 것은 누구도 권력을 주지 않는다. 그냥 뺏어야 한다.

Giving money and power to government is like giving whiskey and car keys to teenage boys.
돈과 권력을 정부한테 주는 것은 청년들한테 위스키와 자동차 열쇠를 주는 것이나 마찬가지다.

177
소 잃고 외양간 고친다

… 개방경제 체제에서는 어떤 기업도 M&A 위협으로부터 자유로울 수 없다. 정부가 대놓고 막아줄 수도 물론 없다. 우리는 외환위기 때 여러 수익이 괜찮은 은행들을 내주고 지금 얼마나 후회하고 있는지 모른다. 다시는 '소 잃고 외양간 고치는 일'이 없었으면 하는 바람이다 …

●●● 뜻풀이 일이 벌어진 후 수습하려 한다

우리는 '소를 잃은 후'라고 하지만 영어로는 '말을 잃은 후'라고 한다.

Fix the stable after the horse is lost.

말을 잃고 나서 외양간을 고친다.

Mend the barn after the horse is stolen.

말을 도둑맞은 다음에 외양간을 고친다. 또는,

It is too late to lock the stable after the horse has been stolen.

말을 도둑맞은 후 외양간 문을 잠그는 것은 너무 늦다.

Bolt the stable after the horse has bolted.

여기에서 '잠그다'와 '도망치다'라는 2개의 뜻을 가진 단어 'bolt'를 갖고 말장난 하는 것으로 '말이 도망친 후 외양간을 잠근다'는 뜻이다.

많이 쓰는 영어 표현 중 Don't cry over spilt milk. (엎질러진 우유를 놓고 울지 말아라.)는 '이미 벌어진 일에 대해 후회해도 소용없다.'는 뜻이다.

말과 관련된 격언을 살펴보자. 둘 다 처칠이 한 말로 유명하다.

There is something about the outside of a horse that is good for the inside of a man.

말의 바깥(말을 타는 것)은 사람의 마음 속을 좋게 하는 그 무엇이 있다.

No hour of life is wasted that is spent in the saddle.

말을 타면서 보낸 그 시간은 절대로 낭비된 시간은 아니다.

It is not enough for a man to know how to ride; he must know how to fall. (멕시코 속담)

말 타는 것만 아는 것이 중요한 것이 아니고 넘어질 줄도 알아야 한다.

178
우물 안 개구리

… 세상이 하루가 다르게 변화하고 있는 글로벌 시대 한국식 경영을 고집한다면 정말 '우물 안 개구리'이다 …

●●● 뜻풀이 생각이 좁음을 비유함

'우물 안의 개구리'를 직역 하면 a frog in a well 이지만 영어로 잘 이해를 못 할 수 있다. 하지만 a frog in a well who doesn't know the rest of the world라고 하면 조금 더 이해가 될 수 있다.

순진해서 잘 모르는 상황일 때는 naive이라고 할 수 있으며, 다른 사람의 의견이나 입장을 알려고 하지 않으며 폐쇄적인 경우에는 close-minded, narrow-minded라고 표현할 수 있다.

179
원숭이도 나무에서 떨어질 때가 있다

… '원숭이도 나무에서 떨어질 때가 있다'는 속담에서 30년 베테랑도 예외는 아니었다. 그는 줄타기 명인이었지만 어제 다리를 헛짚는 실수를 했다 …

●●● 뜻풀이 아무리 재주가 있어도 실수할 때가 있다

아마 영어 배우면서 Even Homer (sometimes) nods. '호머도 때에 따라서 졸 수 있다' 라는 표현을 안 들어 본 사람은 없을 것이다. 직역을 해서 even monkeys sometimes fall from trees이라고 하면 이해는 한다. 쉬운 표현으로는 I'm human. 또는 We're all human. 즉, 나/우리도 사람이다. 그래서 실수할 수 있다는 뜻이 된다. 같은 뜻으로 격언은 To err is human. '실수하는 것은 다분히 인간적인 것이다.'

Mistake와 관련된 격언들은 실로 많다.

Mistakes are part of the dues one pays for a full life.
실수란 풍성한 생활에 대해 지불해야 할 대가다.

While one person hesitates because he feels inferior, the other is busy making mistakes and becoming superior.
한 사람은 열등하다고 느끼기 때문에 주저하지만, 다른 사람은 실수를 하면서 우월감을 느끼고 있다.

The only real mistake is the one from which we learn nothing.
유일하고 진정한 실수는 우리가 아무것도 배우지 않는 실수다.

Admit your errors before someone else exaggerates them.
실수를 빨리 시인하는 것이 좋다. 다른 사람이 그 실수를 과장하기 전에.

180
자라보고 놀란가슴 솥뚜껑보고 놀란다

… '자라보고 놀란 가슴, 솥뚜껑보고 놀란다.' KT&G와 포스코가 외국계 자본의 적대적 인수합병 가능성에 전전긍긍하고 있는 가운데 삼성물산도 영국계 자본의 지분확대 소식에 비상이 걸렸다 …

●●● 뜻풀이 한 번 놀라면 비슷한 것만 봐도 놀란다

영어로는 두 가지 표현이 있는데 Once bitten, twice shy. (한 번 물린 사람은 두 번째에는 소극적이다.) 또는 A burnt child dreads the fire. (불에 덴 아이는 불을 무서워한다.)

Burn과 관련된 관용구들을 살펴보자.

to be burnt to a crisp 바싹 타버린

I wanted to bake a cake for your birthday but I burnt it to a crisp.
생일케이크를 구우려고 했는데 바싹 태워버렸어.

to burn your fingers 좋지 못한 결과가 있어서 – 특히 금전적 손해 – 다시는 시도하려고 하지 않는 것

A lot of investors wanted to make a killing in the stock market but ended up burning their fingers.
많은 투자자들이 주식시장에서 떼돈을 벌려고 했는데 오히려 손해를 봐서 다시는 투자를 안 할 것이다.

to burn the midnight oil 밤을 새다

I had to burn the midnight oil in order to finish this report.

이 리포트를 끝내기 위해 밤을 샜어.

to burn the candle at both ends 늦게까지 일하고 아침 일찍 일어나 피곤한 것

She's been burning the candle at both ends because she's studying and waitressing at the same time.

공부하고 아르바이트 하느라고 밤늦게까지 일을 하고 아침 일찍 일어나서 피곤해 한다.

181
하룻강아지 범 무서운 줄 모른다

… 북한이 운영하는 웹사이트의 시사 만평란에 최근 평화헌법개정 움직임을 보이고 있는 일본 우익 세력들을 향해 참새 두 마리를 등장, "독도를 넘보다간 하루 강아지 범 무서운 줄 모른다는 격이 된다"고 조롱하는 내용의 풍자만화를 게재했다 …

●●● 뜻풀이 어리고 경험이 없어서 무서운 것을 모른다

영어로는 이 표현을 '천사들이 겁이 나서 밟지 못한 곳에 바보들은 돌진한다.' 즉, Fools rush in where angels fear to tread.라고 하는데 참 잘 맞아떨어진다.

바보 fool과 관련된 관용구들을 살펴보자.

to act/play the fool 바보처럼 행동하다

He plays the fool whenever he feels nervous.
그는 긴장할 때 바보처럼 행동한다.

to be no/nobody's fool 똑똑하다

My mom is no fool. She's not going to believe I'm sick.
엄마는 바보가 아니다. 내가 아프다는 것을 안 믿을 것이다.

A fool and his money are soon parted. 바보 같은 사람들은 돈을 헤프게 쓴다.

a fool's errand 성공할 확률이 전혀 없는 일을 하다

Trying to find the Holy Grail is a fool's errand.
성배를 찾으려 하는 것은 바보 짓이다.

to make a fool of yourself 바보처럼 보이게 하는 행동을 하다

He made a fool of himself at last night's party.
그는 어젯밤 파티에서 바보처럼 행동했다.

찾아보기

ㄱ

ㄴ

ㄷ

ㅁ

ㅂ

ㅅ

ㅇ

ㅈ

ㅊ

ㅋ

ㅌ

ㅍ

ㅎ

우리말 표현 격언·속담·사자성어를 영어로
뭐라 할까?(한국어 표현을 통해 배우는 영어)

초판 1쇄 발행 2006년 6월 30일
초판 2쇄 발행 2010년 6월 30일

지 은 이 ▪ 최 정 화 · 임 향 옥
펴 낸 이 ▪ 박 철
펴 낸 곳 ▪ 한국외국어대학교 출판부
130-791 서울시 동대문구 이문동 270
전화 (02)2173-2495~6
팩스 (02)2173-3363
홈페이지 http://press.hufs.ac.kr
전자우편 press@hufs.ac.kr
출판등록 ▪ 제6-6호(1969. 4. 30)
디자인 · 편집 ▪ (주)이환디앤비 02)2254-4301
인쇄 · 제본 ▪ (주)동국문화 02)718-5011

ISBN 89-7464-411-8
ISBN 978-89-7464-411-6 13740 정가 12,000원

* 잘못된 책은 교환하여 드립니다.